Antología de poesía primitiva

*Antología
de poesía primitiva*

Selección y prólogo de
Ernesto Cardenal

Alianza Editorial

Primera edición en «Alianza Tres»: 1979
Primera reimpresión en «Alianza Tres»: 1987

© Ernesto Cardenal
© Alianza Editorial, S. A. Madrid, 1979, 1987
Calle Milán, 38, 28043 Madrid; teléf. 200 00 45
ISBN: 84-206-3050-0
Depósito legal: M. 14.071-1987
Impreso en Closas-Orcoyen, S. L. Polígono Igarsa
Paracuellos de Jarama (Madrid)
Printed in Spain

Indice

Prólogo	9
Ainus (Lejano Oriente)	17
Apaches (Estados Unidos)	18
Arapajos (Estados Unidos)	19
Araucanos (Chile)	21
Arnhem (Australia)	27
Bagandas (Africa)	28
Ba-ilas (Africa)	29
Ba-Rongas (Africa)	30
Bhattras (India)	31
Bosquimanos (Africa)	32
Buin (Melanesia)	33
Caddo (Estados Unidos)	34
Chamas (Amazonas)	35
Chinooks (Estados Unidos)	36
Chippewas (Estados Unidos)	37
Comanches (Estados Unidos)	41
Congo (Africa)	42
Cunas (Panamá)	43
Dahomey (Africa)	48
Damas (Africa)	49
Dinkas (Africa)	50
Dualas (Africa)	51
Esquimales	52
Ewhes (Africa)	59
Galas (Africa)	60
Gondas (India)	62
Guahibos (Colombia)	63
Guajiros (Colombia)	64

Guaraníes (Paraguay)	65
Haídas (Canadá)	69
Hawai	70
Huitotos (Colombia)	72
Hurones (Canadá)	75
Indios de la Pampa (Argentina)	76
Isla de Dobu (Nueva Guinea)	78
Isla de Mangareva (Polinesia)	81
Isla de Pascua	82
Isla de Tiburón (México)	86
Isla Fiji (Melanesia)	87
Islas Marquesas (Polinesia)	88
Islas Palau (Filipinas)	89
Kiowa (Estados Unidos)	90
Koguis (Colombia)	92
Kurelus (Nueva Guinea)	95
Kwakiutls (Canadá)	96
Lapones (Escandinavia)	97
Laragias (Australia)	98
Maorís (Nueva Zelandia)	99
Menominees (Estados Unidos)	101
Miskitos (Nicaragua)	102
Nahuas Actuales (México)	104
Navajos (Estados Unidos)	105
Negritos (Malaya)	107
Nuevas Hébridas (Melanesia)	108
Osages (Estados Unidos)	109
Otomíes (México)	110
Páez (Colombia)	111
Paiutes (Estados Unidos)	113
Papagos (Estados Unidos)	115
Pawnees (Estados Unidos)	117
Piaroas (Venezuela)	120
Pigmeos (Africa)	121
Pima (Estados Unidos)	127
Quechuas (Perú)	128
Rodesia del Norte (Africa)	131
Santales (India)	132
Seminoles (Estados Unidos)	133

Siberia	134
Sioux (Estados Unidos)	135
Somalios (Africa)	140
Swahilis (Africa)	141
Tahití (Polinesia)	142
Tanganica (Africa)	144
Tarascos (México)	145
Tewas (Estados Unidos)	146
Tlinkites (Alaska)	147
Tonga (Polinesia)	149
Tsimshianes (Canadá)	151
Tupis (Amazonas)	152
Tuaregs (Africa del Norte)	153
Tunebos (Colombia)	155
Veddas (Ceilán)	157
Waraos (Venezuela)	158
Yamanes (Tierra del Fuego)	164
Yaquis (México)	165
Yorubas (Africa)	168
Yumas (Estados Unidos)	169
Zuñis (Estados Unidos)	170

Prólogo

Adán en el paraíso hablaba en verso, según una antigua tradición islámica. En realidad el verso es el primer lenguaje de la humanidad. Siempre ha aparecido primero el verso, y después la prosa; y ésta es como una especie de corrupción del verso. En la antigua Grecia todo estaba escrito en verso, aun las leyes; y en muchos pueblos primitivos no existe más que el verso. El verso parece que es la forma más natural del lenguaje.

«Todo indio es un poeta en potencia», dice Grave Day, y podía haber dicho que todo indio es poeta; y lo mismo puede decirse de todos los pueblos primitivos. Jacob Drachler cuenta que en Dahomey la poesía es una ocupación cotidiana, tanto de la gente ordinaria como de los versificadores profesionales. En las islas Andaman todo el mundo compone cantos, aun los niños, dice M. V. Portman. Se dice que todo esquimal sabe danzar, cantar y componer poemas. El padre Charles de Foucauld escribió que entre los tuaregs todo el mundo hace versos. Y también R. F. Fortune nos cuenta que en la isla de Dobu todos componen canciones. Para cada acontecimiento hay una canción, y hay muy pocas imitaciones entre ellos, dice. «Toda mi vida es canto, y canto como respiro», le dijo un esquimal a Knud Rasmussen. En muchas tribus de los Estados Unidos, cualquier hombre o mujer puede componer versos, y muchas veces los poemas han sido improvisados durante la guerra, o en cacerías, o en ceremonias religiosas. El poema La llevada de la estatua *(p. 82) fue improvisado por una anciana de la isla de Pascua a Alfred Métraux.*

Así como se puede decir que todo primitivo es poeta, también se puede decir que todo primitivo es religioso. Y mucha de la poesía primitiva es religiosa. Según René Guénon, la palabra latina carmen (*canto*) viene de la palabra sánscrita karma (*rito*). *Y además de la poesía claramente religiosa, existe entre los primitivos otra aparentemente profana y que puede tener, sin embargo, como el* Cantar de los Cantares, *un sentido místico. La investigadora y traductora de poesía indígena norteamericana, Mary Austin, dice que hay una clase de poesía común a todas las tribus, y que siempre ha sido considerada equivocadamente poesía de amor profano, pero es en realidad poesía mística: cantos del alma a Dios en la forma del lamento de una muchacha abandonada. Y hablando de los campas del Perú, el antropólogo Stefano Varese ha dicho que muchas veces un canto de invitación amorosa no se limita, en las intenciones del cantor, a una simple declaración sentimental sino que pretende también ser un encantamiento...*

«El indio puede oír el alma», dicen los motilones que andan casi desnudos en las selvas de Colombia. Y los maidu de California del Norte acostumbran a hablar mucho de la «luz interior», y dicen: «No se necesita la luz de las hogueras porque se tiene la luz interior.»

Para los indios omahas los cantos penetran en el mundo invisible. Hay cantos que son revelaciones muy personales que ha dado Wakanda (Dios) en la soledad. Y según Kenneth Rexroth, la poesía para los indios norteamericanos era algo parecido a los sacramentos o los sacramentales de los cristianos. Los antiguos nahuas de México consideraban a la poesía como la manifestación de Dios en la tierra. La oración de los taraumaras del México actual es la danza y la música («oramos por medio del baile y la calabaza», ha dicho uno de ellos). Y su danza dura hasta dos noches. Un indio de la tribu Fox, de Estados Unidos, ha dicho que cuando cantan a Manitú (Dios) él los oye, no puede dejar de oírlos, «es como si estuviéramos cantando en su propia casa». Los pawnees cuentan de un jefe que solía hablar a Tirawa (Dios) en la tormenta, y Tirawa le contestaba tras de las nubes

(éste es el autor del poema Los cielos hablan *[p. 119]).
En cambio, los amazules del Africa del Sur dicen: «De
Unkulunkulu (Dios) ya no sabemos nada. El fue el primer
ser; él brotó al comienzo. Nosotros no conocemos
a su esposa. Y los antiguos no nos dijeron si tenía esposa.»
Los pigmeos tienen muchos poemas en que se
lamentan porque Dios los ha abandonado. Dicen que
Dios al principio vivía con ellos, y los animales eran
amigos del hombre. El paraíso en que estaban era la
selva. Un día quebrantaron un mandato y Dios dejó de
ser amigo de ellos, y se fue río arriba. Este es el relato
más antiguo del Africa, según P. Schebesta que lo recogió.*

*Los indios sioux dicen que sus poemas los han recibido
en sueños. Igualmente los yumas dicen que sus cantos
los han recibido en sueños y que se necesita el poder
de los sueños para cantarlos. Los guaraníes dicen que sus
cantos más sagrados fueron obtenidos en sueños. En las
islas Fiji se dice que los poemas son recibidos durante
el sueño, en el mundo de los espíritus. En Australia a
veces se piensa que los cantos se deben a los antepasados
que se les han aparecido en sueños. (De la misma
manera, los indios omahas dicen que los dibujos que ellos
pintan en sus trajes y en sus tiendas son representaciones
que ellos han tenido en sueños; y un pies-negro, al ver
un fonógrafo, pensó que su inventor habría soñado ese
instrumento.) Los indios arapajos componían sus poemas
en trances hipnóticos durante sus Danzas del Espíritu,
y también bajo el efecto del peyote. Según los esquimales,
los cantos son inspirados por las almas que
están en la región de los muertos.*

*Entre los yaquis, las llamadas «Danzas del Venado»
(pp. 165-167) son poemas que constan de dos estrofas:
en la primera se describe un suceso del mundo natural;
en la segunda, el mismo suceso se repite en un mundo
místico, la Tierra Florida, mundo que está debajo del
amanecer. Por la poesía y la danza se establece una relación
o enlace entre los dos mundos, el mundo natural
del acontecer diario y el sobrenatural. Y el mundo na-*

tural es presentado como una manifestación del mundo sobrenatural, dice Edward H. Spicer.

En algunas tribus de Estados Unidos el canto es una propiedad personal y nadie puede cantarlo sin el permiso del autor. Dice Mary Austin: «Uno puede regalar un canto a un amigo, o legarlo a la tribu al morir; o uno puede morir sin haberlo cantado a nadie más que a su Dios.» *También existe entre ellos el Canto de Muerte, que sólo se canta al morir. La misma Mary Austin oyó a un anciano de la tribu yokut cantar su Canto de Muerte:*

> Toda mi vida
> yo he estado
> buscando.

Entre los guaraníes, los ascetas y los místicos son los que hacen los cantos. La oración de esos indios es el canto, la danza y la música, dice Alfredo López Austin. La poesía para ellos es dada por la divinidad, y es algo muy personal e íntimo de cada uno. Algunos poseen dos o tres cantos. Los que son más santos poseen muchos más. Para ellos una vida santa está inspirada en las danzas y la música. También dice López Austin que los guaraníes viven con los ojos fijos en el mundo ultraterreno; que su vida aparentemente transcurre en la rutina, pero está cargada de emociones místicas; y que su lenguaje es más apto para el canto y la poesía que para la comunicación cotidiana. En el poema Génesis (p. 66) se describe cómo Ñamandu (Dios) primero creó el lenguaje humano, que participa de la divinidad, después creó el amor al prójimo y los himnos sagrados, y después creó al hombre.

Los indios peruanos escribían sus poemas con nudos de varios colores. Los cantos de los chippewas de Estados Unidos fueron escritos con figuritas grabadas en corteza de abedul. En África los ashanti deletrean sus cantos con toques de tambor. Los ekoi de Nigeria los escriben en una lengua secreta sobre hojas de palmera.

Los huitotos de Colombia tienen cantos muy arcaicos, con palabras que ellos ya no usan y cuyo significado ape-

nas conocen. Estos cantos, dice un misionero, ellos los bailan pintados sus cuerpos de muchos colores, acompañados con tambores y flautas. Muchas canciones de los indios yaquis son tan arcaicas que ni siquiera aparecen en su lenguaje litúrgico. Y los negritos de las Filipinas tienen una liturgia nocturna en un idioma sagrado que ya no es entendido por ellos. En las canciones de la isla de Dobu, las palabras arcaicas y las palabras modernas de lenguas extranjeras están mezcladas con gran libertad. En Australia a veces un canto es adoptado por un pueblo que habla una lengua diferente y que no conoce su significado. Hay indios norteamericanos que tienen poemas compuestos en lenguas secretas. Los yumas cantan con palabras cuyos sentidos ya nadie sabe. Y a los navajos no les importa que un mismo poema tenga dos o tres sentidos diferentes. Los yamanaes de la Tierra del Fuego tienen cantos que son puramente sonidos sin ningún sentido. Esos sonidos pueden significar para ellos diferentes estados de ánimo, como sorpresa o gozo. C. M. Bowra cree que éstos pueden ser los cantos más antiguos de la humanidad.

Entre los guaraníes algunos cantos son asequibles a todo el mundo, mientras que otros sólo pueden ser revelados a los miembros de la misma tribu o a veces sólo a unas pocas personas de mucha confianza. Y además del lenguaje corriente, los guaraníes tienen otros dos: uno es el lenguaje religioso («las palabras de los situados arriba de nosotros») usado por los ancianos y ancianas que han recibido las comunicaciones de la divinidad; y el otro es un lenguaje secreto del que sólo se han podido averiguar algunas palabras, frases y oraciones, y que se revela únicamente a los iniciados. Y hay entre ellos otra clase de cantos («los cantos verdaderos») que son ininteligibles aun para sus cantores.

Un anciano misionero e investigador de los tunebos de Colombia, el padre Henry Rochereau, me dio hace algunos años un canto mágico de estos indios que sólo el hechicero puede cantar y nadie puede oír (p. 155). El padre había oído el canto una vez, escondido detrás de un cuero de res en la choza del hechicero, mientras éste cantaba creyendo que nadie lo oía; copió las palabras, aunque no todas las logró captar bien, y después empleó dos años en su traducción, no estando seguro de haberlas traducido todas correctamente. El canto era en una lengua muy arcaica; y cuando el hechicero se dio cuenta que le habían tomado el canto, huyó al monte y no se le volvió a ver más.

Entre los pieles rojas, los poemas pertenecían a un individuo, clan o tribu. Uno debía pagar si quería cantar un poema ajeno. Entre los chippewas los cantos eran comprados por considerables sumas de dinero. Un indio navajo dijo: «Yo siempre he sido pobre. No conozco ninguna canción.» En la isla de Dobu el autor de una canción conserva sobre ella sus derechos y no puede usarse para el baile sin su permiso; aunque después de que se ha danzado esa canción, puede extenderse hasta lugares lejanos llevada en canoas; muchas de esas canciones son de amor y fueron improvisadas por amantes.

Los cunas varían sus poemas cada vez que los recitan. Según ellos, «las palabras de los cantos no tienen por qué ser siempre las mismas», y se gozan en oír las variaciones. Otros pueblos han venido repitiendo por muchos siglos sus cantos sin variación alguna. Según los araucanos, es la tradición oral la que da permanencia al canto: dicen ellos que la palabra escrita se pierde, pero la palabra oída dura para siempre. Los koguis de la Sierra Nevada de Santa Marta (Colombia) se enorgullecen de que ellos no han tenido necesidad de inventar la grabadora como los blancos: los cantos los tienen grabados en su corazón. Pero un anciano shamán de los campas del Perú, frente a la grabadora que había grabado sus cantos, preguntó: «¿Cuando yo muera estos cantos van a quedar?»

En algunas tribus se considera que la poesía tiene valores curativos. Los esquimales tienen cantos para calmar la cólera y para apaciguar los vientos. Entre los guaraníes hay cantos poderosos para dominar las enfermedades de la tribu, y aun para matar a los jaguares. El largo Canto mágico para curar la locura (p. 43) de los indios cunas es efectivamente usado para esa curación. En el golfo de

Urabá, de Colombia, yo di a un indio cuna el texto de este canto, publicado en cuna por el Museo de Gotenburgo, Suecia, y él me lo agradeció mucho, pues decía que nunca se había podido aprender el canto, que es muy largo.

El «Canto Nocturno» de los navajos dura varios días con sus noches. Pero generalmente los poemas primitivos son muy breves. Entre los chippewas hay poemas que son sólo de dos palabras. Según unos indios norteamericanos, los cantos de los blancos «hablan demasiado». Y un indio papago dijo a Ruth Underhill: «Nuestros cantos son tan cortos porque sabemos mucho.» Una vez, el padre Cesáreo de Armellada, misionero e investigador, dijo a un indio venezolano que sus cantos eran monótonos, y él le contestó: «Menos tonos sabe el sapo, y se pasa las noches cantando.»

La poesía primitiva, por lo general, no tiene rima consonante ni asonante. El inca Garcilaso de la Vega decía de la poesía quechua que es libre. Pero con mucha frecuencia hay una «rima» a base de paralelismo o repeticiones. En muchos casos el ritmo es muy acentuado, y entre los indios norteamericanos el ritmo del verso es el del tambor. Palabras y música muchas veces van juntas, y una vez Natalie Curtis preguntó a un poeta navajo qué componía primero, si la música o la letra, y él contestó sorprendido: «Un canto es palabra con música; las dos cosas van juntas.» Muchas veces esta poesía primitiva va acompañada de instrumentos musicales. Y una característica de la poesía primitiva de todos los tiempos es que no está hecha con ideas abstractas sino con imágenes concretas.

La reunión de la presente antología es una labor de muchos años. He utilizado algunas pocas antologías que han sido hechas, pero principalmente he utilizado muchos trabajos especializados, libros, folletos y revistas de carácter científico, consultados en varias bibliotecas. Generalmente las traducciones las he tenido que retocar un poco, modificando el orden de las palabras por razón del ritmo, haciendo más fluida la sintaxis, dando más clari-

dad o exactitud al verso según las notas u observaciones del mismo investigador, o simplemente dando corte de versos a lo que había sido recogido como prosa. Pues estas traducciones nunca se hicieron con criterio poético, sino con criterio científico. Por traducción con criterio poético no entiendo una que sea más libre o esté más alejada del original, sino una que sea más fiel a la poesía del original. En algunos cuantos casos los poemas me fueron dados por los propios investigadores. Los poemas de la tribu páez (pp. 111-112) me fueron dados por un joven de esa tribu, traducidos por él. Una cantidad considerable de los poemas de esta antología fueron traducidos del inglés. El Canto de la creación de los huitotos *fue traducido por Preuss al alemán, y yo utilicé una traducción al español de esa traducción, que encontré inédita y sin autor en la Biblioteca del Museo de Antropología e Historia de Bogotá, haciéndole algunas pequeñas modificaciones basándome en el texto alemán y en el original indígena que también reproduce Preuss. En el caso de dos poemas pawnees (pp. 117-119), yo mismo los traduje de la lengua indígena utilizando un glosario, pues las traducciones estaban muy alejadas del original. Por todo esto resultaba muy complicado dar crédito a las fuentes. He preferido que esta antología vaya sin una sola nota y sin bibliografía. Este no es un libro científico, es un libro de poesía.*

Ernesto Cardenal

Ainus (Lejano Oriente)

Yo soy el jefe en esta aldea;
tú eres el jefe en otra aldea.
No sabemos cuál de los dos es el más sabio.
Para decidirlo debemos empezar una pelea de palabras.
Sin embargo, esto no va bien con la bebida.
Por lo tanto alegrémonos mejor con la bebida.

Apaches (Estados Unidos)

Mi novia, podíamos haber ido a mi casa,
¡pero tuviste miedo!
Cuando era de noche, bien podíamos haber ido a mi casa,
¡pero tuviste miedo!

* * *

En el sur
donde están los arrecifes de conchas blancas,
donde todas las frutas están maduras,
nos encontraremos los dos.

Allá donde están los arrecifes de corales,
nos encontraremos los dos.
Donde las frutas maduras están fragantes,
nos encontraremos los dos.

Arapajos (Estados Unidos)

Plegaria

Padre, soy pobre.
Padre, soy pobre.
Nuestro padre pronto tendrá piedad de mí.
Nuestro padre pronto tendrá piedad de mí.
Nuestro padre pronto me hará volar.
Nuestro padre pronto me hará volar.

* * *

Lamento de la tribu miserable

Padre, compadécete de mí,
Padre, compadécete de mí;
estoy gritando de sed,
estoy gritando de sed;
todo se ha ido —no tengo nada que comer,
todo se ha ido —no tengo nada que comer.

* * *

Las almas regresan de la cacería de búfalos
en las praderas del cielo

¡Qué resplandeciente la luz de la luna!
¡Qué resplandeciente la luz de la luna!
Mientras cabalgo esta noche cargado de carne de búfalo,
mientras cabalgo esta noche cargado de carne de búfalo.

* * *

Oración

¡Padre, ten piedad de mí!
¡Padre, ten piedad de mí!
Estoy gritando de sed;
¡aquí nada me sacia!

* * *

Hijos míos, al principio yo quise a los blancos,
hijos míos, al principio yo quise a los blancos,
les di frutas,
les di frutas.

Araucanos (Chile)

¿Quién es el que,
como el tigre,
cabalga en el viento
con su cuerpo de fantasma?
Cuando lo ven los robles,
cuando lo ven las personas
se dicen en voz baja
unos a otros:
«Mira, hermano, ahí está
el espectro de Caupolicán.»

* * *

Canciones del poeta Kinchauala

Ya está subiendo la luna roja; pronto se va a ladear, hermanos.
El lucero se irá para descansar; hermanos, ya se retira el lucero.

* * *

Me fui en el barco terrestre.
Decía yo: «El Padre, el Ordenador de las gentes,
sabrá qué hacer de mí, de mi pobre corazón.»
Pero ya no sé qué pensar:
Tuve una pesadilla —me dejó mi amada.
Como a un pobre perro. Así me dejó
en nuestra patria, mi hermana mala.

Canciones del cacique Kuruinka

Alto se nos ha subido la luna,
ya se ha dado vuelta;
pronto cantará el *uun alue;*
pasan las horas y no vuelve mi amada.
Pero no quiero llorar.
Ya se ha hecho piedra mi corazón.
Estoy postrado.

* * *

Toda la tierra es una sola alma,
somos parte de ella.
No podrán morir nuestras almas.
Cambiar, sí pueden;
pero no apagarse.
Somos una sola alma
como hay un solo mundo.

* * *

Bonita como la plata era mi amada.
Por eso es grande mi pesar.
Mucho sufre mi corazón.
¿Por qué habrá salido el sol
por donde otros días suele bajar?
¿Y por qué bajó
por donde suele levantarse?
Así ha cambiado tu corazón, hermana.

* * *

No hay mucha distancia entre la vida y la muerte.
El camino, el puente que hay entre el mundo de abajo
y el Cielo Azul,
es más corto que el camino de aquí hasta abajo.
Así es entre la vida y la muerte.

* * *

Causa tristeza profetizar:
dos veces se oscurecerá el sol.
Y después vamos a ser maltratados.
Indefensos estamos.
Como árboles estamos arraigados en el suelo,
y como pájaros nos lleva el viento.
Presas de la tierra y del aire somos.
Ay, ¿cómo no va a dolernos el corazón?

Canciones del poeta Kolupán

He venido, amigos.
He dicho: «¿Habrá fiesta, mis hermanos?
Pues a mí no me avisó el pájaro *kelenkelen*,
no vino a avisarme.»
Yo era siempre el primero de los invitados.
Hoy no se han acordado de Kolupán mis hermanos.
Vivo solo. He quedado solo.
Hace tiempo se han ido mis mayores,
y soy pobre, soy pobre para los hermanos.
Lloraré mientras viva mi corazón.
Parece que ya no me consideran gente decente.
Así pues, yo ya no tengo amigos.

* * *

Hermana, linda hermana,
no digas que lastimé tu corazón.
Un forastero seguramente lo lastimó.
Habrá venido con el insecto *uun alue,*
con el viento norte habrá venido el forastero.
En la desgarradura se conoce el camino de las garras:
juntitas siguen para abajo,
más angostas después, apretando la presa.
Un forastero tiene que ser, hermana linda.

* * *

Teníamos grutas para nuestros juegos de niños,
en el monte sabíamos jugar al *peuko*.
Fumábamos en la pipa de dos tubos
como lo hacen los grandes con sus amistades.
Ya se han ido los días, ya no volverán,
ya no jugaremos en el monte.
Entre gentes de otra tierra estoy.

* * *

Me daban *llalli* de maíz, cuando era niño, amada mía.
No he vuelto a comerlo, desterrado en este país.
Y me hace falta, hermana mía. Moriré aquí.
No he vuelto a comer *llalli* de maíz, amada mía.
Mis lágrimas han corrido por la cara y el pecho,
y la tierra las chupó.
Estoy entre los vivos todavía, y no hago mal a nadie.
Pero siempre seré forastero, amada mía.

* * *

Yo hablo solo en mi soledad, me contesto a mí mismo;
sólo yo he quedado en pie, sin ningún sostén.
He tenido un sueño del mundo de arriba.
Estaba en el cenit, en medio del cielo estaba,
y ahora estoy enfermo, tengo enfermo el corazón.
Estaba cerca del Padre del Cielo,
estaba bien cerca de la Madre del Cielo,
estaban cerca nuestros padres,
en otra tierra estaba yo.
Ingenuo fue mi corazón: otra vez tenía que volver a esta
  tierra.

* * *

Siento pena.
Pasan los días, se van las noches,
pero sigue triste mi corazón.
A la tierra, a mi tierra quiero ir.
A mi tierra lejana.
Porque tú me dejaste, paloma azul, alma forastera.

Canciones de la poetisa Melillán de Panguipulli

Con enredaderas parecían amarrados nuestros corazones,
pero se rompió la atadura y yo sola llevo el gajo.
Ay, siempre lloro, hermanito mío,
tengo mucha pena en mi corazón.

* * *

Una prenda me pidió la hechicera.
Le di las huellas del caballo que se llevó a mi amado.
Que se lo llevó allá lejos, a la Argentina, país de arena.
Con las huellas lo van a devolver a mi corazón.
Con la magia de la hechicera.

* * *

Tengo lista la manta con dibujos entretejidos
pero su dueño está lejos y tal vez tiene frío.
Me la encargaste, hermanito malo que haces llorar mi corazón.
Hace cinco años estoy llorando.
¿No vendrás a secar mis lágrimas, tú, amigo de los viajes al extranjero?

* * *

Mis amigas se están riendo de mí, la abandonada.
Me preguntan por qué no bailo. Por qué no busco otro.
Me haces mucha falta, hermano.
Cuando vengas no reconocerás a nuestro hijo.
Ya tiene siete años.
Entristeciste mi corazón, viajero cruel.

Canción del cacique Culebra-Azul

Sos de la tierra de Malleo, muchacha,
hermanita linda.
Es ésa la tierra de las muchachas bonitas.
De allí sube el coraje con el fuego.

El coraje del fuego que nos empujó
contra los enemigos rojos, los enemigos blancos;
por eso somos valientes.
Por eso hemos echado a los barbudos.
Y esa tierra es para vos, muchacha linda.

Canción de despedida a los antropólogos
[Compuesta para la investigadora alemana Koessler-Ilg]

Ustedes se van y yo me quedo.
Ustedes se llevan mi voz y mis versos.
Adonde ustedes van, irán mis versos y mi voz.
Yo me quedo aquí,
y mi voz y mis versos quién sabe adónde irán.

Arnhem (Australia)

La gaviota

La gaviota hembra, con su pico, grita cuando ve los nubarrones negros levantarse.
La gaviota grita en la estación de las lluvias. Piensa ya en hacer su nido.
Planeando, piensa en su casa en la isla de Bremer.
Se zambulle, cortando el agua, aventando espuma.
Sus ojos ven de noche. Se sacude y queda seca.

* * *

Las águilas

Las águilas están gritando, volando para todos lados,
picoteándose las plumas por juego, las plumas caen,
están dando gritos y relumbrando en el sol;
pronto en su nido tendrán aguilitas.

Bagandas (Africa)

Voy a comprarme una vieja fea.
¿Por qué, no lo sabes?
Toda mujer bella es para el Rey,
y las feas jóvenes son para los Jefes.

Ba-ilas (Africa)

El niño muerto

Kachila, sangre de mi sangre, ¡déjame recordarte!
Tal vez, si te recuerdo, la tierra entera sabrá de mi dolor.
Los pequeños adornitos de cabeza:
déjame echarlos en el río
para que los cocodrilos se los pongan.
¡Oh mi niño querido!

Ba-Rongas (Africa)

Nadie te desea

¡Despréciame todo lo que quieras, amor mío!
El maíz que tú comes, ah, está hecho de ojos humanos.
Las tazas que usas son calaveras humanas.
Las raíces de manioca que comes, son espinillas humanas.
Las papas que usas, son manos humanas.
Despréciame todo lo que quieras.
¡Nadie te desea!

Bhattras (India)

Blanca flor
no hay nadie como tú;
de entre una multitud
te escogí.

Bosquimanos (Africa)

Oración

Kabbia de los cielos
toma mi rostro:
¡Tú me darás el tuyo!
El rostro con el cual, al morir,
revives y regresas a nosotros
que ya no te veíamos.

Buin (Melanesia)

Tú eres el pájaro que camina en la mañanita.
¿No viniste acaso al recinto del jefe y me dijiste:
«Dame perlas de vidrio en abundancia
y después también nosotros jugaremos al amor»?
Bueno, pues si es tan grande tu codicia de las perlas,
¿por qué no sahúmas cocos para Dick?
Él lo recibiría con gusto y te daría mercancías,
muchas perlas de vidrio también él tiene para ti.
Ciertamente yo soy el árbol espléndido y tú el árbol de sangre
que el espíritu del muerto espía la primera vez que él asoma.
Cuando el jefe hizo una fiesta para tu hijo,
aun entonces gritaste por perlas!
«Ah, dámelas», dijiste,
«para que yo me las ponga como un vestido sobre mi cuerpo
siempre que salga».

Caddo (Estados Unidos)

La ida al cielo

Ven, Caddo, todos vamos arriba,
ven, Caddo, todos vamos arriba
a la gran aldea,
a la gran aldea,
con nuestro padre de arriba,
con nuestro padre de arriba
allí donde él vive en lo alto,
donde vive nuestra madre,
donde vive nuestra madre.

* * *

Todo nuestro pueblo está subiendo,
todo nuestro pueblo está subiendo,
arriba donde mora el padre,
arriba donde mora el padre,
arriba donde vive nuestro pueblo,
arriba donde vive nuestro pueblo.

Chamas (Amazonas)

La llegada de los blancos

Blancas garzas vienen
de lejos ideas traen.
A través del Río Grande [el mar]
gentes blancas vienen.
En todos los veranos
con garzas negras caminan.
En las riberas del Parú
juntándose caminan.
¡Vengan, vengan, venid!

Chinooks (Estados Unidos)

Canción

Ninguna cosa ahora turbará mi alma.
No me hables. Ojalá estuviera muerta
con mi hermana.

* * *

Canción

No me importa
si tú me dejas.
Pronto tendré a otro.
No es difícil para mí.

* * *

Yo estoy muy alegre
   cuando el vapor viene.
Me dan ganas de llorar
   cuando el vapor se va.

Chippewas (Estados Unidos)

Las mujeres Sioux
van y vienen llorando.
Mientras recogen
a sus heridos,
sus gritos llegan hasta nosotros.

* * *

Me estoy preguntando
si estará de verdad humillada—
la mujer Sioux—
a la que le he cortado la cabeza.

* * *

Aunque él lo dijo
todavía
me enternezco
cuando pienso en él.

* * *

Mientras mis ojos recorren la pradera
siento el verano en la primavera.

* * *

En vano deseas que te busque a ti;
vengo a ver a tu hermana menor.

* * *

Canción

Voy a entrar en la morada de alguien.
En la morada de alguien voy a entrar.

A tu morada, mi amada,
una noche voy a entrar, voy a entrar.

Una noche en invierno, mi amada,
a tu morada voy a entrar, voy a entrar.

Esta misma noche, mi amada,
a tu morada voy a entrar, voy a entrar.

* * *

Yo creí que era un pato,
pero era el remo de mi amado en el agua.
Él se ha ido a Sault Ste. Marie,
mi amado se fue delante de mí,
nunca lo volveré a ver.
Yo creí que era un pato,
pero era el remo de mi amado en el agua.

* * *

Bella como una estrella
prendida en el cielo:
nuestra choza *Midé*.

* * *

Él estará muy triste
porque me engañó
y me olvidó
durante los años
de mi juventud.

*Canción de la pausa del tambor en una ceremonia
de iniciación* Midé

Cuando hago una pausa —
    El rumor
    de la aldea.

        * * *

Azúcar de arce
    es la única cosa
    que yo quiero.

        * * *

El cielo
    va conmigo.

        * * *

Canción de los truenos

A veces yo,
    me compadezco a mí mismo
    cuando me va arrastrando el viento
    por el cielo.

        * * *

Mi música
    sube
    hasta el cielo.

        * * *

La tormenta

Desde la otra mitad
del cielo
lo que allí habita
viene haciendo ruido.

Ese cielo azul
cuando le hablo
me responde.

* * *

Canción de la flecha

Roja
   es su punta.

Comanches (Estados Unidos)

[Sin sentido]

Ya hi yu niva hu
hi yu niva hi yu niva hu
ya hi yu niva hi na he ne na
hi ya hi nahi ni na
hi yu niva hu
hi yu niva hi yu niva hu
ya hi yu niva hi ya he ne na

* * *

El mundo de los espíritus

Viviremos otra vez,
viviremos otra vez.

Congo (Africa)

Canto fúnebre

Oh gran Nzambi, lo que tú haces es bueno,
pero tú nos has dado una gran tristeza con la muerte.
Tú debías haber hecho que no muriéramos.
Oh Nzambi, tenemos una gran tristeza.

Cunas (Panamá)

Canto mágico para curar la locura
[Fragmento]

El curandero en un extremo del piso de plata, en un asiento de oro,
en un asiento pequeño, está sentado mirando el lugar.
El viento del norte se hace más fuerte; el curandero está mirando el lugar.
El viento del norte y el viento del sur están peleando; el curandero está mirando el lugar; él es curandero.
Las olas del mar se están levantando con espuma; el curandero está mirando el lugar; él es curandero.
Las olas del mar se están moviendo con espuma; el curandero está mirando el lugar; él es curandero.
Las olas del mar casi lo alcanzan; el curandero está mirando el lugar; él es curandero.
Las olas del mar casi se han calmado; el curandero está mirando el lugar; él es curandero.
Las olas del mar casi se han alisado; el curandero está mirando el lugar; él es curandero.
La saliva de las olas del mar está salpicando; el curandero está mirando el lugar.
La saliva de las olas del mar está formando como hilos; el curandero está mirando el lugar.
Las olas del mar están resplandeciendo con blancura, como la de la garza, las olas del mar están blanqueando; el curandero está mirando el lugar.
Los cocoteros del mar se están doblando por el viento; el curandero está mirando el lugar.
Las manzanas de los cocos del mar están brillando en el viento; el curandero está mirando el lugar.
Las manzanas de los cocos del mar están luciendo en el viento; el curandero está mirando el lugar.

Las puntas de los cocos están resonando por el viento; el curandero está mirando el lugar.
Las hojas secas de los cocoteros se están moviendo por el viento; el curandero está mirando el lugar.
El sol le está oscureciendo la tierra, el curandero va a acostarse en la hamaca, las sogas de la hamaca están rechinando...

* * *

Aventuras de tres muchachos
[Fragmento]

Los muchachos dicen a su madre:
«Mañana iremos a pescar.»
Los muchachos dicen a sus hermanitos:
«Mañana iremos a pescar.»
Los muchachos dicen a su madre: «Prepáranos comida.»
Los muchachos se ponen a mirar cómo está el tiempo.
El viento sur está soplando, y hace sonar a los árboles,
el viento sur hace sonar a los cocoteros, los cocoteros se están doblando.
Los muchachos suben al piso alto para dormir.
Los muchachos están colgando sus hamacas,
se acuestan en sus hamacas, están acostados oyendo el viento:
el viento sur está sonando en los oídos.
Los muchachos están dormidos, sin darse cuenta del mundo.
Los muchachos se despiertan: ya es medianoche.
Los muchachos se duermen otra vez, los muchachos otra vez no se dan cuenta de las cosas.
Los muchachos se despiertan otra vez, el gallo está cantando.
La madre baja de su hamaca y se va al fuego,
la madre empieza a hacer la comida,
la madre se sienta a soplar el fuego.
Los muchachos llaman a sus hermanitos,
los muchachos están alistando los anzuelos,
los muchachos se van a poner las velas en el bote.
La madre va a poner la comida en el bote.

Los muchachos están empujando el bote,
los muchachos se meten en el bote,
los hermanitos también se están subiendo.
Los muchachos dicen a los hermanitos: «Levanten las velas.»
El viento sur está soplando,
las velas sí que están infladas por el viento,
el bote de verdad que va ligero, como si fuera a ser volcado por el viento.
El bote ahora se detiene junto a una isla que hay en el mar:
«Aquí vamos a coger conchas.»
Los muchachos se bajan a la costa,
los muchachos están llenando una canasta de conchas: «Ya hay bastantes.»
Los muchachos se suben al bote:
«Vamos a pescar a Ipeulikkapirya.»
Los muchachos bajan las velas,
los muchachos están metiendo los anzuelos,
los muchachos empiezan a sacar pescados,
los muchachos están sacando veinte cada uno: «Ya hay bastantes.»
Los muchachos dicen a los hermanitos: «Levanten las velas.»
Los muchachos sienten que el viento va más fuerte,
la vela está mecida por el viento,
el bote está sacudido por el viento.
Los muchachos dicen a los hermanitos:
«Demos vuelta, el bote se está yendo con el viento.»
El sol ya está perdiendo el brillo,
un animal de mar, el Tiburón, está saliendo enfrente,
y camina para el bote,
ay la madre, ya no la volverán a ver.
Los muchachos están llorando, los pobrecitos.
Un animal de mar, el tiburón, está sacando el cuerpo.
Los hermanitos perdieron la conciencia, y perecieron.
Los animales del mar, los Perros Marinos, están saliendo, y caminan para el bote,
están danzando ceremonialmente la danza de la chicha,
los muchachos perdieron la conciencia, y perecieron.

Los animales del mar, los Pulpos, están saliendo,
caminan para el bote,
están danzando ceremonialmente, los muchachos perdieron la conciencia y perecieron.

* * *

Canción de la tortuga

¡Adiós familia mía! ¡Adiós amigas mías!
Veo a lo lejos el barco de los pescadores cunas.
Vienen a buscarme y me van a comer.
¡Qué triste, pero Dios así lo ha querido!
Él me ha creado para servir de comida a los cunas.
¡Qué triste!
Pero los niños van a cantar y saltar alegres a mi alrededor
porque van a tener una rica comida.
¡Qué bueno! ¡Pero también qué triste!

* * *

Canción
[En la fiesta de la pubertad femenina]

Las mujeres que cortan el pelo a las niñas van entrando a la casa.
Las mujeres se sientan detrás de las niñas.
Las mujeres cogen las tijeras y se sientan.
Las mujeres cogen las tijeras y la peinilla.
Las mujeres se paran enfrente de las niñas.
Las mujeres están de pie con las totumas llenas de agua.
Las mujeres cogen las totumitas.
Las mujeres llenan de chicha las totumitas.
Las mujeres se tiran las totumitas y las apañan.
Las mujeres están tomando chicha.
Las mujeres van a sentarse de nuevo.
Las mujeres les quitan el pañuelo a las niñas.
Las mujeres cogen las tijeras.
Las mujeres peinan a las niñas.
Las mujeres cortan el pelo a las niñas.
Las tijeras están cortando el pelo a las niñas.

Las mujeres dejan caer al suelo el pelo de las niñas.
Cae al suelo el pelo de las niñas.
Las mujeres les ponen las tijeras en la cabeza a las niñas.
Las mujeres acaban de cortar el pelo a las niñas
Las mujeres les ponen de nuevo el traje a las niñas
   y con el pañuelo las cubren bien.

* * *

Canto de solidaridad

Distribúyase el pescado de mar,
distribúyase el sábalo,
distribúyase el pez-sierra,
distribúyase el pez-sierra pequeño,
distribúyase el sábalo pequeño,
distribúyase el tiburón,
distribúyase el pargo.
El camino del pescado parece que Dios lo hubiera hecho
   de oro.
El flautista llama a la niña,
y le previene que se agarre bien del extremo de su camisa.
Distribúyase el mero,
distribúyanse las conchas que se adhieren a las rocas,
distribúyase la langosta,
distribúyanse los cangrejos,
distribúyase el marisco que vive en la roca
   con la boca abierta, como si riera,
distribúyase la carne de las conchitas del río,
distribúyanse las conchitas más grandes,
distribúyanse los camarones,
distribúyase el mero del río,
distribúyase la iguana que se para en el extremo del
   guayacán.

Dahomey (Africa)

Canción compuesta por el rey Behanzin
cuando iba para el exilio

¿Qué me puede hacer
el extranjero?
Nada puede hacer.

En la vida, la trampa de pescar que no tiene pescado
es llevada otra vez a la casa;
el elefante retornará
a la casa de sus padres.

Están en la tierra
y me perturban.
La población se burla de mí.
Pero si me saludan, no me importa,
si no me saludan, no me importa.

En la vida, la trampa de pescar que no tiene pescado
es llevada otra vez a la casa;
el elefante retornará
a la casa de sus padres.

Damas (Africa)

Esta es una tierra sin agua.
Mujeres, ¿conocen la tierra adonde debo ir?
Esta es una tierra sin agua.
Mujeres, ¿conocen la fuente adonde debo ir?
Estoy cansada de estas palabras:
«No hemos visto la tierra.»
Preguntaré por ella.

* * *

La muerte del niño

El que solía darme cosas lindas, el hijo de Noworb,
está muerto.
Levántate. ¿Por qué yaces allí?
Haz lo que hacen tus compañeros, vete a jugar.
Tus compañeros se han alejado de ti.
¿A quién voy a enviar ahora a traer agua?
¿A quién me has dejado en lugar tuyo?
Hijo de Gakhubes, levántate para que pueda llevarte en
 mi espalda.

* * *

Oración

¡Padre, bendícenos aún!
¡Padre, prémianos aún!
¡Que la tierra dé cebollas!
¡Que dé las frutitas *ou!*
¡Que dé las nueces-del-suelo!
¡Que las nubes lluevan aún!

Dinkas (Africa)

En el tiempo en que Dendi creó todas las cosas,
creó el sol,
y el sol nace, y muere, y sale de nuevo;
creó la luna,
y la luna nace, y muere, y sale de nuevo;
creó las estrellas,
y las estrellas nacen, y mueren, y salen de nuevo;
creó el hombre,
y el hombre nace, y muere, y ya no sale de nuevo.

Dualas (Africa)

Oración

¡No te olvides, oh Dios,
de darme una lámpara europea
y también aceite!

Esquimales

¡Ah, que por fin se calmara,
el mar en el fiord de Sermilik,
que por fin se calmara!

¡Ah, que se llenara de luz,
el rincón más profundo del fiord de Sermilik,
que se llenara de luz!

* * *

El monte Koonak

El gran monte Koonak allá en el sur,
yo lo veo.
El gran monte Koonak allá en el sur,
lo contemplo.
El luminoso resplandor allá en el sur,
estoy mirando.
Tras el Koonak se extiende
la misma luz que cubre el Koonak del lado del mar.
Mira cómo en el sur las nubes
crecen y cambian;
unas a otras se hacen bellas;
mientras la cumbre está cubierta del lado del mar
por cambiantes nubes,
está cubierta del lado del mar,
unas a otras se hacen bellas.
El otoño viene sonando
con el recio viento del norte.
Rudamente todo lo abate con su enormidad.
El mar amenaza con volcar mi kayak.

Y ay, yo tiemblo, tiemblo, porque el viento y el mar
me pueden enviar a lo profundo,
al lodo del fondo del mar lleno de conchas.
Rara vez veo calmas,
las olas juegan conmigo,
y yo tiemblo, tiemblo, pensando en la hora
en que las gaviotas hambrientas picotearán mi cuerpo.

* * *

Allá yo no podía pensar en otra cosa

Allá yo no podía pensar en otra cosa,
debajo de mí cuando resopló en el agua.

Cuando la carne de mi sopa se me iba a aparecer,
debajo de mí, no podía pensar en otra cosa.

Puesta toda mi atención en el arpón que yo hice,
y que me arrastraba con fuerza arriba y abajo.

Allá yo no podía pensar en otra cosa,
el animal sabroso (no podía pensar en otra cosa).

Mis compañeros se fueron a coger el caribú.
El caribú (no podía pensar en otra cosa).

Allá yo no podía pensar en otra cosa,
cuando el caribú con astas venía hacia mí.

Cuando yo estaba en mi hoyo con el oído atento,
el caribú con astas venía hacia mí.

* * *

Anoche soñé contigo:
caminabas sobre los guijarros de la playa
conmigo.
Soñé contigo
como si estuviera despierto.
Yo te seguía a ti
bella
como una foca joven.

53

Te quería como el cazador
desea ardientemente a la foca joven
que se sumerge, sintiéndose perseguida.
Así sucedía
conmigo.

* * *

Canción de Ikinilik estando enfermo

Yo, que ya no camino afuera,
y ya no salgo al gran aire abierto desde el pasado invierno,
porque no hago sino desmayarme,
yo, que ya no camino en el exterior.
La diversión en el aire abierto generalmente da comida,
generalmente resulta bien.
Yo, que ya no voy muy lejos
en el gran hielo desde el pasado invierno
porque no hago sino desmayarme,
mis instrumentos de caza no los uso,
mi anzuelo, desde el pasado invierno.
Y sin embargo mi estómago desea,
ansía la carne.—Pobre de mí,
que generalmente hago un hoyo en el hielo donde no
 debiera.

* * *

Fiord en primavera

Yo iba en mi canoa
iba en el mar
iba remando
suavemente en el fiord Ammassivik.
Había hielo en el agua
y en el agua un petrel,
movía la cabeza a un lado y al otro
no me vio remando.
De pronto sólo se vio la cola
después nada.
Se hundió pero no por mí:
una gran cabeza sobre el agua
la gran foca peluda

cabeza enorme con enormes ojos, y bigotes,
toda reluciente, chorreando agua
y la foca se me acercó despacio.
¿Por qué no la arponeé?
¿Me dio lástima?
¿Sería por el día, el día de primavera, y la foca
jugando en el sol
como yo?

* * *

La canción del esposo

Mi mujercita linda, mi mujercita linda,
no llores, no estés pensando en tu casa,
no estés pensando en tu casa,
aquí vas a comer cebo,
un cebo rico,
y ojos, ojos deliciosos,
todo eso se te dará.
Y unos lomos suaves y jugosos
vas a tener,
lomos suaves y jugosos.

* * *

Me acuerdo ahora
de la llegada de los primeros días de la primavera
cuando yo era joven.
¡Yo era tan buen cazador!
¿No es verdad que lo era?
Veo ahora en el recuerdo
un hombre en una canoa;
va remando despacio hacia la costa del lago,
remolcando muchos caribús arponeados.
Qué feliz que soy
en mi recuerdo cazando en una canoa.
En tierra no tuve tanto éxito
con los rebaños de caribús.
Y cuando uno está viejo y piensa en su juventud
prefiere recordar las cosas
en las que tuvo éxito

El verano

¡Ah, el calor del verano sobre la tierra!
Ni un soplo de viento,
ni una nube,
y en los montes
pacen los renos.
¡Ah, los queridos renos
en la lejanía azul!
¡Ah, el arrobamiento!
¡Ah, qué alegría!
Me tiendo sobre la tierra, sollozando.

* * *

Siempre los envidio, cuando los oigo cantar sus cantos-de-tambor.
Me siento humillado.
Sí, es cierto: en el arte de hacer poemas
(y de hundir el bote),
¡en eso no sobresalgo!

* * *

Cuando salgo de mi casa y ando afuera,
estoy alegre.
Cuando ando vagando en el mar,
estoy alegre.
Si hace buen tiempo,
estoy alegre.
Si el cielo queda limpio,
estoy alegre.
Ojalá siga así
para la pescada de focas.
Ojalá siga así
para el día del concurso de canciones.
Ojalá siga así
para el día de mi canto-de-tambor.

* * *

Te estoy mirando, tierra de Nunarsuit.
Los picachos del sur están envueltos en nubes.
Las montañas bajan hacia el sur,
hacia Usuarsuk.
¿Quién deseará vivir en un lugar tan triste?
El campo está todo cubierto de hielo
y la gente que vive allí no puede viajar
hasta ya muy entrada la primavera.

* * *

Canto de Kuk-Uk, el muchacho malo

Me voy de mi casa
en un bote grande
a cazar una muchacha bonita;
le traeré unas cuentas
de esas que parecen cocinadas,
y después de un tiempo
volveré a la casa,
llamaré a todos mis parientes
y les daré de palos.
Voy a casarme hoy mismo con dos muchachas,
a una de las dos chiquillas lindas
la voy a vestir con piel de foca con pintas,
y la otra preciosa
no lucirá sino piel de foca-encapuchada.

* * *

El pícaro pájaro-espiga
sale rápido
de su nido
y canta: *¡Wiutiu!*

* * *

Canción de cuna

Es mi niño gordito:
lo siento dentro de mi capucha.
¡y qué pesado está!
¡Ya, ya! ¡Ya, ya!

Cuando volteo mi cabeza
me sonríe mi niño,
escondido en mi capucha,
¡y qué pesado está!
¡Ya, ya! ¡Ya, ya!

¡Qué lindo cuando sonríe
con sus dos dientes como una morsa.
¡Me alegra el que esté pesado,
con tal de tener la capucha llena!

Ewhes (Africa)

La muerte ha estado desde siempre con nosotros.
La carga pesada empezó hace tiempo.
Y yo no puedo soltar esas ataduras.
El agua no se niega a disolver
aún el cristal grande de sal.
Así, al mundo de los muertos
también los buenos bajan.

* * *

Un reclamo a Dios
[Canto compuesto por el poeta Duho]

¿Por qué me has mandado al mundo?
Si hubiera sabido no hubiera venido.
El niño es ignorante en el vientre de su madre.
Si hubiera sabido, me hubiera quedado en el más allá.

Galas (Africa)

Oración

Dios de la tierra, mi Señor, tú estás por encima de mí, yo estoy debajo de ti.
Si la desgracia cae sobre mí, si los árboles me ocultan el sol, aparta de mí la desdicha, Señor, sé mi sombra protectora.
Suplicándote paso el día, suplicándote paso la noche. Cuando la luna se levanta lejos, no me abandones. Cuando yo me levanto no te abandono. Aparta de mí el peligro.
Dios, mi Señor, Sol de treinta rayos, si el enemigo se me acerca, no dejes que mate a tu gusano de la tierra, apártalo.
Igual que nosotros vemos a un gusano: si se nos antoja lo aplastamos, si se nos antoja lo dejamos con vida: igual como nosotros aplastamos un gusano del suelo, así, si se te antoja, viéndonos en tierra, aplástanos.
Yo, cuando veo a uno o dos hombres, viéndolos con los ojos los conozco; tú, aunque no ves con ojos, ves en ti mismo.
Un hombre malvado ha arrojado a todos los hombres de su casa, ha dispersado a los hijos y a la madre como gallinas. El enemigo malvado ha arrancado a los niños de la mano de la madre y los ha matado. Todo esto tú lo has permitido. ¿Por qué has hecho esto? Tú lo sabes.
Tú has hecho crecer los cereales. Los has puesto delante de nuestros ojos: el hambriento se consolaba viéndolos.
Cuando el trigo estaba en flor has enviado las langostas y los insectos, los saltamontes, los pichones. Todo esto

ha venido de tu mano. Tú eres quien lo ha hecho.
¿Por qué lo has hecho? Tú lo sabes.
Mi Señor, perdona a los hombres que te ruegan. Como el propietario del grano ata a quien roba su grano, así átanos, mi Señor. Si has atado a aquel que tú amas, desata a aquel que tú amas. Así me amas, desátame a mí que te suplico de corazón.
Si no clamo a ti de corazón, no me escuchas. Si grito de corazón, tú lo sabes, tú me escuchas.

* * *

Oración

¡Óyenos, antiquísimo Dios, tú que tienes orejas!
¡Míranos, antiquísimo Dios, tú que tienes ojos!
¡Cógenos, antiquísimo Dios, tú que tienes manos!
Si amas los bellos caballos, tómalos.
Óyenos, Dios.

Gondas (India)

Hay agua blanca en la colina;
de pronto,
cuando yo sacaba agua,
él hizo de mí su cama.

Guahibos (Colombia)

Estamos bailando como la garza morena,
estamos bailando como el gaván,
estamos bailando como el garzón,
la gente y las garzas están bailando,
estamos andando por el remanso
echando barbasco.

* * *

Un día vino un carro

Un día vino un carro, yo no lo vi,
entonces un civilizado despreciable
a mi novia me la robó,
al pueblo, al pueblo se la llevó,
ella era bonita como una garza,
por eso la pienso,
por eso la lloro,
por eso la pienso,
por eso la lloro.

Guajiros (Colombia)

Ven a mí, mi hermana.
Ven a mí, mi mujer.
Yo soy macho.
No lo mires a él,
a ese jovencito.
Camina derecho y bien.
Camina derecho y bien.
Camina derecho y bien.
Yo estoy aquí.
Yo soy el macho.
Traigo conmigo el rifle
y mi revólver.
Soy macho.
Muy simpática eres, mi amor.
¡Ojalá yo tome una india!
Yo la pago
porque soy rico.

Guaraníes (Paraguay)

Poesía esotérica

[Instrucciones dadas por Dios a los Padres de la Palabra-alma referente a los espíritus que deben enviar a la tierra para que se encarnen]

«Cuando está por tomar asiento [nacer]
un ser que alegrará a los que llevan
la insignia de la masculinidad,
el emblema de la feminidad,
envía a nuestra tierra
una palabra-alma para que se encarne»,
dijo nuestro Primer Padre
a los verdaderos padres de las palabras-almas de sus hijos.
«Por consiguiente,
la que a nuestra tierra enviares
palabra-alma buena para que se encarne, en esta manera
   aconsejarás discretamente
repetidas veces:
Bien, irás tú, hijito de Ñamandú,
considera con fortaleza la morada terrenal;
aunque todas las cosas, en su gran diversidad,
horrorosas se irguieren contra ti,
debes afrontarlas con valor.
Bien, ve a la tierra, mi hijo;
acuérdate de mí en tu corazón.
Así yo haré que circule mi palabra inspirándote
por haberte acordado de mí.
Así yo haré que pronuncien palabras inspirándote
los excelsos innumerables hijos
que yo albergo.
En grandeza de corazón,
en la facultad de conjurar maleficios, no habrá en la extensión de la tierra,

quien sobrepase
a los innumerables hijos
que yo albergo.
Por consiguiente, tú,
cuando mores en la tierra,
te acordarás de mi hermosa mansión.
Inspirando yo en tu corazón palabras divinas,
no podrá haber
quien te pueda igualar
en la morada terrenal de las imperfecciones.»

* * *

Los esqueletos de los muertos

«En virtud de haberse elevado al cielo el germen de la palabra-alma
y de haber retornado a la mansión del que la enviara,
los huesos del que portara la vara-insignia [el cuerpo humano]
aparentemente despreciados ya,
y no obstante hallarse aparentemente abandonados,
los iluminarás con la luz de tus relámpagos sin trueno
—en virtud de tu divinidad lo harás—
hasta que se hunda el espacio.
Yo haré que circule la palabra nuevamente
por los huesos del que portaba la vara-insignia
haré que el verdadero decir [el verbo]
vuelva a fluir por los huesos;
volveré a llamarlos a nuestra hermosa morada»,
así habló nuestro Primer Padre último-último [absoluto].

* * *

Génesis
[Dios crea el lenguaje, el amor y los cantos sagrados]

El verdadero Padre Ñamandú, el Primero,
de una pequeña porción de su propia divinidad,
de la sabiduría contenida en su propia divinidad,
y en virtud de su sabiduría creadora
hizo que se engendrasen llamas y tenue neblina.

Habiéndose erguido (asumido la forma humana),
de la sabiduría contenida en su propia divinidad,
y en virtud de su sabiduría creadora
creó nuestro Padre el fundamento del lenguaje humano
e hizo que formara parte de su propia divinidad.
Antes de existir la tierra,
en medio de las tinieblas primigenias,
antes de tenerse conocimiento de las cosas,
creó aquello que sería el fundamento del lenguaje humano
e hizo el verdadero Primer Padre Ñamandú
que formara parte de su propia divinidad.

Habiendo concebido el origen del futuro lenguaje humano,
de la sabiduría contenida en su propia divinidad,
y en virtud de su sabiduría creadora,
concibió el fundamento del amor [al prójimo].
Antes de existir la tierra,
en medio de las tinieblas primigenias,
antes de tenerse conocimiento de las cosas,
y en virtud de su sabiduría creadora
concibió el origen del amor.

Habiendo creado el fundamento del lenguaje humano,
habiendo creado una pequeña porción de amor,
de la sabiduría contenida en su propia divinidad,
y en virtud de su sabiduría creadora
el origen de un solo himno sagrado lo creó en su soledad.
Antes de existir la tierra,
en medio de las tinieblas originarias,
antes de conocerse las cosas,
creó en su soledad el origen de un himno sagrado.

* * *

Oración matutina al Creador

¡Oh, verdadero Padre Ñamandú, el Primero!
En tu tierra el Ñamandú de corazón grande [el sol]
se está levantando con el reflejo de su divina sabiduría.

Y porque tú dispusiste que aquellos a los que proveíste
   de arcos
nos irguiésemos,
es que volvemos a erguirnos.
Y por eso, palabras indestructibles,
que jamás, en ningún tiempo, se debilitarán,
nosotros, unos posos huérfanos del paraíso,
volvemos a pronunciar al levantarnos.
Por eso séanos permitido
levantarnos repetidas veces,
¡oh, verdadero Padre Ñamandú, el Primero!

* * *

Detente, culebra, detente,
para que mi hermana copie tus bellos colores
como modelo de un lujoso cinturón
que yo voy a dar a mi amada.
Tu belleza así será siempre preferida
a la de todas las demás serpientes.

Haídas (Canadá)

He tomado por esposa a la muchacha bella.
Se la he quitado al círculo de sus amistades.
Espero que sus parientes no vendrán a quitármela.
Voy a ser bueno con ella.
Le daré moras, las moras del monte
y las raicitas de la tierra.
Haré cualquier cosa para que esté contenta.
Para ella he compuesto este poema y lo canto para ella.

* * *

¡Oh, Buen Sol!,
ten compasión de nosotros:
Brilla, brilla para nosotros, ¡oh, Sol!,
recoge las nubes húmedas y negras y guárdalas bajo el
 brazo,
para que ya no caigan las lluvias.
Porque tus amigos están ya aquí juntos en la playa
listos para la caza.
Por tanto, míranos con amor, ¡oh, Buen Sol!
Danos paz en nuestra tribu
y paz con nuestros enemigos.
Clamamos otra vez, y otra vez.
Escúchanos, escúchanos, ¡oh, Buen Sol!

* * *

Canción

Hermosa es ella, esta mujer,
como flor de montaña;
pero fría, fría, es ella,
como los ventisqueros
donde crece.

Hawai

Oh, Kauai,
gran isla de Kauai, heredada de nuestros padres,
recostada en la quietud de Waianae;
Kaena es un cabo,
y más allá está Kahuku.
Una montaña nublada es Kaala, donde se juntan los vientos.
Y en sus faldas está Waialúa,
el pueblito de Waialúa.
La laguna de Kahala: un plato para el pueblo de Makuleia,
las aguas del tiburón asado envuelto en hoja de *ti*.
Y Kaena es la cola del tiburón,
del tiburón que nada bajo la isla de Kauai,
bajo la isla de Kauai, tu tierra.
Oh, Kauai.

* * *

Siguiendo los ríos en la selva
donde caen las cataratas Molo-kama,
mientras la lluvia se iba por allá por Mala-hoa,
yo ardía en deseos de visitar
el bosque florecido de Koili,
y allí acariciar a Manu'a
y a su vecina Maha-moku.
Mi mano les calmará su cólera
y con disimulo tocará también a Lani-huli.
Concededme esta única súplica
y nos uniremos bajo los augurios de lo alto.

Han florecido dos flores
en tu jardín del ser,
haz con ellas una guirnalda, emblema de tu amor.
¿Cuál es la hora de tu venida?
Cuando el sol esté sobre el *pali,*
cuando la brisa sople de tierra,
para exhalar el perfume del *hala,*
cuando se agiten las corrientes en Wai-pa.

* * *

Hierbas olorosas en el alto Kane-hoa;
¡ceñid los tobillos, ceñidlos!
Ceñidlos con dedos hábiles como el viento
que refresca la enramada.
Ponedle a mi flor flores de *lehua.*
Oh, amorcito mío,
pimpollo que yo cortaría y pondría en mi guirnalda
si tú fueras una flor.

Huitotos (Colombia)

La libélula se baña en el agua.
La libélula se baña en el agua.
Rog-ge-ne bu-ne
Rog-ge-ne bu-ne
Vengan a bailar.

* * *

Allá abajo, abajo, grande, grande,
el río, el río.
En la orilla, el árbol, el árbol.
Sus ramas, sus ramas,
mueve, mueve, el viento.

* * *

Canto de la creación

Un fantasma, nada más existía.
El Padre tocó una quimera, cogió algo misterioso.
Nada existía. Mediante un sueño el Padre *Nainuema* [el
   que es o tiene algo no existente]
retuvo la quimera y pensó para sí.
Ningún palo había para sujetarla:
con un hilo soñado sujetó la quimera mediante el aliento.
Buscó el fundamento de la pura quimera,
pero no había nada allá.
«Algo vacío estoy enlazando.» Nada existía allá.
Luego el Padre siguió buscando,
tanteó el fundamento de esta cosa y buscó el sitio vacío
   y engañoso.
El Padre enlazó lo vacío con el hilo soñado.

Le pegó la goma mágica *arebeike*.
Lo sujetó con un nuevo sueño mágico *iseike* [humo de tabaco o copo de algodón].
Cogió el fondo iluso y lo pisó muchas veces.
Y se sentó en la tierra llana soñada y la niveló pisándola.
Tenía la tierra quimérica en su posesión,
luego escupió su saliva [las aguas].
Se sentó sobre esta tierra imaginaria
y le puso encima el cielo: el cielo azul y el cielo blanco.
Después hizo *Rafuema* [«el que es o tiene las narraciones»]
en el mundo subterráneo, tras largas meditaciones, este relato
para que nosotros lo lleváramos arriba a la tierra.

Luego nacieron en la tierra los grandes árboles de la selva
y la palma Canaguche llevaba frutos para que nosotros tuviéramos qué beber.
En el agua del Padre crecieron todos los árboles y enredaderas.
Él solo creó la cigarra,
además al mono-choruco para que comiera los árboles,
al mono-de-maíz que por esto abre los frutos,
al tapir que come en el suelo los frutos,
a los jabalíes grandes, al guara, al borugo para comer la selva
y a todos los animales y al tintín,
él solo creó.
Él creó al armadillo que nació con un refuerzo en el hombro,
él creó al armadillo gigantesco
y a todos los animales como la nutria, que come pescado,
y a la nutria pequeña.
Él hizo todos los animales como el ciervo y el chonta-ciervo
y el oso hormiguero grande
y envió al oso hormiguero pequeño.
En el aire creó al águila real que come a los chorucos,
creó al sidyi, al picón, al papagayo kuyodo,
al arara rojo y a todas las aves, a la perdiz,
los pavos eifoke y ferebeke, al bakita, al chilanga, al buitre y al águila.

Creó todas las aves:
el pico, los pájaros sidyi, el hokomaike, la grulla,
la golondrina, el patilico, el papagayo sarok,
el comejenero, el burro, el arara verde,
el kuikudyo, las palomas ukugi y fuikango, el siva y el tudyagi.
Creó al garrapatero, a la mariana que ahora sabe comer peces,
al pato hediondo, al pájaro vaca, al pato,
al murciélago, al colibrí, al dyivuise,
al siada, al hirina y a los himegisinyos.
Creó la rana grande y pequeña que viven ahora en el agua.

La avispa cortó nuestras colas.
Antes todos las tenían.
También nosotros teníamos colas.
La avispa le cortó primero la cola a la rana,
después a los hombres,
y cuando se hubo cansado de cortar tantas
el resto de los hombres se convirtieron en monos-chorucos
que antes también eran hombres.

Hurones (Canadá)

Oración

Oh, Oki, que habitas en este lugar,
te ofrezco este tabaco.
Ayúdanos, haz que no naufraguemos,
defiéndenos de nuestros enemigos,
haz que tengamos buen comercio
y que volvamos felices a nuestras casas.

Indios de la Pampa (Argentina)

Nuestra llanura

Esta es, hermanos, nuestra tierra ancha,
donde nada se detiene, donde todo pasa,
y el viento no duerme y el horizonte anda.

Esta es, hermanos, nuestra tierra ancha,
vivimos en toldos. Cuando el tiempo cambia,
cambiamos los toldos. Así es nuestra vida.

Esta es, hermanos, nuestra tierra pampa.
No es tierra estrecha. La tierra es bien ancha.
Por mucha que quieran a todos le alcanza.

* * *

Invocación al sol

Dame siempre mi cielo azul,
hombre antiguo de rostro iluminado.
Dame una y otra vez mi nube blanca,
alma vieja de cabeza encendida.
Dame siempre tu dorado abrigo,
gran cuchillo de oro por quien
sobre la tierra estamos parados.

* * *

Compañero, hermano viento

Yo por todas las tierras pasé, compañero.
Yo conozco por dónde pasé, compañero.
Truvolusicó: conozco el lugar.

Yo pasé por allí, compañero.
Urrelaquén: conozco el lugar.
Yo pasé por allí, compañero.
Napaleofú: conozco el lugar.
Yo pasé por allí, compañero.
Aucamahuida: conozco el lugar.
Yo pasé por allí, compañero.
Compañero, hermano viento.
Yo por todas partes pasé.
Yo conozco por dónde pasé,
compañero, hermano viento.

* * *

Canto de la tierra

Tierra mía: no te alejes de mí,
no me faltes,
por más lejos que vaya.

Isla de Dobu (Nueva Guinea)

En el acantilado del norte
la cueva baja hacia el mar.
En el acantilado del norte.

Mi cuñadita dormida.
Su pelo rojo.
(O me dormí soñando en él.)
En el acantilado del norte.

* * *

El gallo está cantando.
Mi novia me abraza.
La aurora viene hacia acá.
Tus abrazos son muy dulces.
Mi novia me abraza.

* * *

El viento del este está soplando.
El gavilán marino baja veloz,
baja veloz a coger su presa.
El viento del este está soplando.

Ponte la falda roja de danzar.
Tus pechos jóvenes los estás estrenando.
El *tabú* los va a destrozar.
El gavilán marino baja sobre la presa.

* * *

Está cantando, cantando tierra adentro,
allá en los canales de Natuwa,
pájaro satín cantando tierra adentro.

En Kelologea está una muchacha muerta:
Mwatebu, la jovencita.
Y él recita su lamento fúnebre:
pájaro satín cantando tierra adentro.

* * *

Viaje en canoa a Panamoti

Oh Estrella de Panamoti [Venus].
Se levanta en la noche el viento del Sur.
Oh Estrella de Panamoti.

Desembarqué en Bwaruada;
la estrella asomada en la olla:
ha salido y va subiendo
la estrella de Panamoti.

* * *

La recogida de palolos

Los palolos del mar profundo:
La aldea tiembla con nuestras carreras.
Tiembla con las carreras al mar.

Miren, allá en el mar:
salieron de las profundidades
con brillo de ocaso amarillo.
La aldea tiembla con nuestras carreras.

* * *

Puedes volver, puedes volver;
la canoa está quebrada.
Puedes volver a Suyolai.

El arrecife la quebró
con su pecho negro.
Ahora yo ando errante.
Puedes volver a Suyolai.

Isla de Mangareva (Polinesia)

La roca del adiós

Ésa es Hatu-mata, la roca del adiós.
El dolor me está mordiendo en mis adentros
por el ser amado que yo dejé.
¡Oh la última roca del adiós!

Vete en tu canoa, Heke-tua-tinaku,
vete con la corriente y el viento detrás.

Isla de Pascua

La llevada de la estatua

Te ataron en el Ahu Orogón y tiraron de sus cuerdas,
¡oh tú, Pou-kaka-nonga, dios de los pescadores de atunes!
Y te arrastraron con sus cuerdas
estos alegres extranjeros que desembarcaron.
Quieren llevarte
y te pondrán de nuevo sobre un mausoleo
en Peretia [Bélgica], donde las muchachas irán a contemplarte.

* * *

Mea: la mayor y la menor se disputaban tu amor.
Es invierno, amigo mío, la flor derrama su perfume.
La flor es perfumada.
Es verano, amigo mío, la flor está marchita.
Ay, ay, se marchitó sobre mi seno.
La mayor tiene miedo.
Este es el collar para colgar un objeto precioso:
el objeto precioso es tu cara.
Hermano mío, Mea.

* * *

Canción de amor

La espera es larga,
       entristece y fastidia...

* * *

La llegada de los chinos

Están mojados, los alegres extranjeros
con su pelo como mujeres.
Desembarcaron aquí, con sus relojes
andando en sus muñecas.
¡Tienen ruidito! ¡Tienen ruidito!

* * *

Muchacha, estás enferma de amor.
Eres una cangrejita que vive bajo el mausoleo de Acurenga,
eres una pescadita con moño.
Bajas a la orilla del mar,
pescadita, amiga mía.
Allá lejos hay algas
buenas para que comas.

* * *

A una muchacha en su período de reclusión
para aclarar la piel

Estás encerrada. ¡Muchacha Recluida!
En la pared cuelga la calabaza llena de ocre.
¡Qué blanca te has puesto en tu retiro, tú, Recluida!
Te amo, Recluida.
Cuánto tiempo llevas encerrada, muchacha Recluida.

* * *

Canto fúnebre

¡Ay, ay! ¿Qué va a ser de nosotros?
Tú nos dabas de comer y nos traías mucho pescado,
muchas anguilas, congrios, cañas de azúcar y plátanos.
Padre, tú no mendigabas en las casas.
Ahora te hemos perdido.
Padre, ¡tú eras un buen pescador y tu cuerda siempre
tendida, sonaba!
¡Ay, ay, ¿Qué va a ser de nosotros?

* * *

¡Oh lluvia, largas lágrimas de Hiro,
cae,
golpea el suelo,
¡oh lluvia, largas lágrimas de Hiro!

* * *

Los gusanos hediondos
te rodean, oh Tau-mahani,
mujer de alto rango.

* * *

El rey

¿Cuáles son las cosas que el rey multiplica en este país?
Desde que aparece marzo en el cielo, hace el rey brotar
  los tallos de las batatas blancas que produce este país.
Es él, el rey, quien nos hace propicios el cielo y los antepasados.
Hace propicias las batatas, el cielo y los antepasados.

¿Cuáles son las cosas que el rey multiplica en este país?
Las langostas, el pez poopoo, los congrios, el pez nohuo,
  el musgo, el helecho y la planta kavakava-atua.

¿Cuáles son las cosas que el rey multiplica en este país?
El musgo, el helecho, la planta kavakava-atua, el rey los
  hace brotar en este país.
Él nos hace propicios el musgo, el helecho y la planta
  kavakava-atua.

¿Cuáles son las cosas que el rey multiplica en este país?
Ha traído los atunes, los peces atu y ature.
Él nos hace propicios los atunes y los peces atu y ature.

¿Cuáles son las cosas que el rey multiplica en este país?
Los ñames, los taros y las papas, las cañas de azúcar y los
  nuevos brotes que crecen a la sombra de este país.

¿Cuáles son las cosas que el rey multiplica en este país?
Las tortugas, su caparazón de abajo, sus patas, el rey
  los hace crecer en este país.

Él nos hace propicias las tortugas, su caparazón de abajo y sus patas.

¿Cuáles son las cosas que el rey multiplica en este país?
A las estrellas, al cielo, al calor, al sol, a la luna, él les aumenta su fuerza.
Él nos hace propicios el cielo, el calor, el sol y la luna.

¿Cuáles son las cosas que el rey multiplica en este país?
Él nos envía el rocío, el calor, el sol y la luna.

¿Cuáles son las cosas que el rey multiplica en este país?
Los nobles, las mujeres de alto rango, prosperan por él.
Él nos hace propicios los nobles y las mujeres de alto rango.

¿Cuáles son las cosas que el rey multiplica en este país?
Los gusanos de tierra, los cortapicos, los escarabajos, el rey los hace crecer en este país.
Él nos hace propicios a los gusanos de tierra, los cortapicos, los escarabajos, y los multiplica en este país.

Isla de Tiburón (México)

La ballena mama

La ballena mama está contenta.
Nada en la superficie muy aprisa.
No hay tiburones cerca,
pero nada y nada muchas leguas
yendo y viniendo muy aprisa.
Después se hunde hasta el fondo
y nacen cuatro ballenitas.

Isla Fiji (Melanesia)

El viento sopla sobre los grandes montes de Mongodoro,
sopla entre las rocas de Mongodoro,
y también entre los rizos claros de Naloko.
Tú me amas, Naloko, y yo te soy fiel.
Si me olvidaste no conocería más el sueño.
Si estrecharas a otra en tus brazos
cada comida tendría para mí el sabor de amarga raíz.
El mundo estaría atrozmente privado de felicidad,
sin ti, mi joven esbelto
de las anchas espaldas, de la fuerte nuca.

Islas Marquesas (Polinesia)

Canción para los norteamericanos

Aguardamos tanto tiempo a nuestros maridos americanos
  de piel blanca,
que arrimaron aquí con sus barcos de jarcias cuadradas
  y dos mástiles,
y después se perdieron en la lluvia.
Para sus sienes nuestras coronas y cantos, para sus sienes
  nuestras coronas y cantos.

Islas Palau (Filipinas)

Nosotros que somos de tu edad, muchacha,
queremos cambiar contigo besos alados,
morder tu boca de forma bella,
el fruto rojo de tus encías.

Kiowa (Estados Unidos)

El advenimiento de la nueva tierra

El ejército de los espíritus se está acercando, nos dicen.
el ejército de los espíritus se está acercando, nos dicen.
Están viniendo con el búfalo, nos dicen,
están viniendo con el búfalo, nos dicen.
Están viniendo con la [nueva] tierra, nos dicen,
están viniendo con la [nueva] tierra, nos dicen,

* * *

Canción de la danza del espíritu

El Padre va a bajar,
la tierra va a temblar,
todo el mundo resucitará,
extiendan las manos.

* * *

La oración de los indios pobres

Porque soy pobre,
porque soy pobre,
rezo por toda criatura viviente,
rezo por toda criatura viviente.

* * *

Mi padre

Mi padre ha tenido piedad de mí.
Yo tengo ojos como los de mi padre,
yo tengo manos como las de mi padre,
yo tengo piernas como las de mi padre,
yo tengo una forma como la de mi padre.

* * *

El viento de la pradera

Ese viento, ese viento
hace temblar mi tienda, hace temblar mi tienda,
y canta una canción para mí,
y canta una canción para mí.

Koguis (Colombia)

La creación

Primero estaba el mar. Todo estaba oscuro.
No había sol, ni luna, ni gente, ni animales, ni plantas.
Sólo el mar estaba en todas partes.
El mar era la Madre.
Ella era agua y agua por todas partes
y ella era río, laguna, quebrada y mar
y así ella estaba en todas partes.
Así, primero, sólo estaba la Madre.
Se llamaba Gaulchovang.
La Madre no era gente, ni nada, ni cosa alguna.
Ella era *Aluna* [pensamiento o idea].
Ella era espíritu de lo que iba a venir
y ella era pensamiento y memoria.
Así la Madre existió sólo en *aluna* en el mundo más bajo,
en la profundidad,
sola.

Entonces cuando existió así la Madre,
se formaron arriba las tierras, los mundos, hasta donde está hoy nuestro mundo.
Eran nueve mundos y se formaron así:
primero estaba la Madre y el agua y la noche.
No había amanecido aún.
La Madre se llamaba entonces Se-ne-nuláng.
También existía un padre que se llamaba Kata Ke-ne-ne-Nuláng.
Ellos tenían un hijo que llamaban Bunkua-sé.
Pero ellos no eran gente, ni nada, ni cosa alguna.
Ellos eran *aluna*. Eran espíritu y pensamiento.

Eso fue el primer mundo, el primer puesto y el primer instante.

Entonces se formó otro mundo más arriba, el segundo mundo.
Entonces existía un Padre que era un tigre.
Pero no era tigre como animal, sino era tigre en *aluna*.

Entonces se formó otro mundo más arriba, el tercer mundo.
Ya empezó a haber gente. Pero no tenían huesos ni fuerza.
Eran como gusanos y lombrices.
Nacieron de la Madre.

Entonces se formó el cuarto mundo.
Su madre se llamaba Sáyaganeye-yumáng
y había otra Madre que se llamaba Disi-se-yuntaná
y un Padre que se llamaba Sai-taná.
Este Padre fue el primero que sabía ya cómo iba a ser la gente de nuestro mundo
y fue el primero que sabía que iban a tener cuerpo, piernas, brazos y cabezas.

Entonces se formó otro mundo y en este mundo estaba la Madre Enkuane-ne-nuláng.
Entonces no había casas todavía, pero ahora se formó la primera casa,
no con palos ni bejuco ni paja, sino en *aluna,* en el espíritu, no más.
Entonces ya existían Kashindúkua, Noana-se y Nánacu.
Entonces ya había gente, pero aún les faltaban las orejas, los ojos y las narices.
Sólo tenían pies.
Entonces la Madre mandó que hablaran.
Fue la primera vez que gente habló,
pero como no tenían lenguaje todavía, iban y decían:
sai-sai-sai («noche-noche-noche»),
ya había cinco mundos.

Entonces se formó el sexto mundo.
Su Madre era Bunkuáne-ne-nuláng; su Padre era Sai chaká.

Ellos ya iban formando un cuerpo entero con brazos, pies y cabeza.
Entonces empezaron a nacer los Dueños del Mundo.
Eran primero dos: el Bunkua-se azul y el Bunkua-se negro.
Se dividió el mundo en dos partes en dos lados:
el Azul y el Negro,
y en cada uno había nueve Bankua-se.
Los del Lado Izquierdo eran todos Azules
y los del Lado Derecho eran todos Negros.

Entonces se formó el séptimo mundo y su Madre era Ahunyika.
Entonces el cuerpo aún no tenía sangre,
pero ahora comenzaba a formarse sangre.

Entonces se formó el octavo mundo y su Madre se llamaba Kenyajé.
Su Padre era Ahuina-Katana.
Pero cuando se formó este mundo, lo que iba a vivir luego, no estaba aún completo.
Pero ya casi.
Entonces había aún agua en todas partes.
Aún no había amanecido.

Entonces se formó el noveno mundo.
Pero no había tierra aún.
Aún no había amanecido.

Kurelus (Nueva Guinea)

¿Adónde se han ido todas las muchachas?
Nosotros danzamos con ellas en Liberek
y ahora ya están todas casadas.
Bueno, ¿qué se puede hacer
cuando los jefes agarran todas las mujeres?

Kwakiutls (Canadá)

Canto macabro
[Antes de comer carne de cadáveres]

Tú eres el gran espíritu, caníbal del Norte.
¡Tú buscas a los hombres que quieres devorar, gran encantador!
Tú desgarras la piel de los hombres, tienes ganas de destruir muchos.
Todos tiemblan ante ti, que has estado al fin del mundo...

* * *

Eres muy dura de corazón para conmigo,
eres muy dura de corazón para conmigo, mi amor.
Eres muy cruel conmigo,
eres muy cruel conmigo, mi amor.
Porque yo estoy cansado de estar esperando
que vinieras aquí, mi amor.
Diferente será ahora el grito con que te llame, mi amor.
¡Ah, bajaré al mundo de abajo y allí gritaré llamándote, mi amor!

Lapones (Escandinavia)

La manada de renos

La manada de renos en la península Varanger
corre sobre riscos y elevados roquedales.
Los bellos animales balancean sus patas
arriba de los riscos.
El gran reno blanco relumbra
arriba del Monte Emitoaivve
cerca de Annijokka.
Orgulloso lleva sus grandes astas.

Laragias (Australia)

*Añorando la tierra que se cogieron
los blancos*

Olas levantándose, grandes olas levantándose
contra las rocas,
reventando, juá, juá.
Con la luna alta, alumbrando las aguas.
En primavera; y el agua llegando hasta la hierba,
reventando, juá, juá.
En la playa brava, las muchachas bañándose.
¡Oye el ruido que hacen con sus manos
cuando juegan!

Maorís (Nueva Zelandia)

¡Oh el sabor salado que me quedó en la boca
después que me bebí los sesos aguados de Nuku
donde se había guardado toda su cólera!
¡Sus orejas que oyeron las deliberaciones!
Tutepakihirangi también entrará de cabeza
dentro del estómago de Hinewai.
Mis dientes se comerán a Kaukau.
Los trescientos cuarenta de Te Kiri-kowhatu
van a ser una sola masa en mi batea.
Te Hika y sus multitudes van a hervir en mi olla.
Ngaitahu (toda la tribu) será después
mi bocado más sabroso para terminar.

* * *

Cuando se acerca la tarde
me viene mi antiguo amor por aquel que yo amé,
aunque está lejos de mí.
Y ahora escucho su voz, allá muy lejos, en Hawaii,
y aunque más lejos que las lejanas cumbres,
su eco resuena de valle en valle.

* * *

Mira allí donde la niebla
flota sobre Pukehina.
Allí está el camino
por donde se fue mi amor.

Ven otra vez aquí
para que caigan lágrimas
de mis ojos. No fui yo
la que primero habló de amor.
Tú fuiste el que empezó a enamorarme
cuando yo todavía era una chiquilla.
Desde entonces se enloqueció mi corazón.

Esta es mi despedida llena de amor.

* * *

La pérdida de la tierra de los antepasados

Ahora el único lazo que nos une
es esa nube tenue que allá va.

Menominees (Estados Unidos)

Llegará un día en que pensarás en mí y llorarás,
amor mío.

* * *

En el cielo
un ruido
como el susurro de los árboles.

Miskitos (Nicaragua)

Mi niña: cuando pasees con tus compañeras
y haya neblina en la bocana del río
y el olor del pino se sienta en la montaña
pensarás en mí y dirás:
amigo, ¿es cierto que has partido?
Oye, compañero, ¿no te veré más?

* * *

Me iré lejos de ti.
Mi tristeza es muy grande.
Voy a conseguirte cuentas de colores.
Cuando venga te traeré ropas
y estará soplando fuerte el viento del Este.

Pronunciaré tu nombre con tristeza.

* * *

Pensé
que un pez
saltaba, pero era
su remo que chapoteaba.
Pensé
que mi amor
pescaba,
pero mi amor
partía. Ya nunca más
la veré. Por su mirada
lo sé.
¡Ya nunca más la veré!

* * *

Carta a la amada

Yo soy más alto que el cocotero
porque mis ojos alcanzan sus palmas
y aun las aves que el cocotero quisiera atrapar.
Yo soy más largo que el río Waki
porque oigo el lejano rumor del mar
o cerrando los ojos reconstruyo su playa brillante.
Yo tengo más pecho que la leona de Alamikamba
porque mi dolor escrito llega más allá de su rugido
hasta las manos de mi muchacha en Bilwaskarma.

* * *

Muchacha, estoy triste por ti.
Recuerdo el olor de tu piel.
Quisiera recostar mi cabeza en tu regazo,
pero estoy solo, recostado bajo un árbol,
oyendo únicamente el ruido del mar.
El oleaje revienta mar afuera:
pero no oigo tu voz.

Nahuas Actuales (México)

Yo no sé si tú has estado ausente.
Yo me acuesto contigo, y me levanto contigo.
En mis sueños tú estás junto a mí.
Si tiemblan los pendientes de mis orejas
yo sé que eres tú moviéndote en mi corazón.

* * *

En tiempos pasados el saber de los aztecas
brilló en toda la tierra de Anáhuac,
encandiló al hombre de Castilla;
ahora resplandece en nuestras manos.

* * *

No ríen, no ríen los abuelitos;
se entristecen, se entristecen los hijitos;
se tuestan, se tuestan los campos;
no dan lluvia, no dan lluvia las nubes.
Ya se sube algo el agua, que ya haga nublado,
que ya broten nuestras aguacitas,
que se siembre de nuevo, que todos trabajen,
allá se contentarán nuestros estomaguitos.

Navajos (Estados Unidos)

La ardilla con su camisa está allá de pie.
La ardilla con su camisa está allá de pie.
Esbelta, está allá de pie; rayada, está allá de pie.

* * *

¡La voz que embellece la tierra!
La voz de arriba,
la voz del trueno,
entre las nubes negras,
está sonando y sonando,
la voz que embellece la tierra.

¡La voz que embellece la tierra!
La voz de abajo,
la voz del saltamontes,
entre las flores y la hierba,
está sonando y sonando,
la voz que embellece la tierra.

* * *

Oración

Dichoso pueda caminar.
Dichoso con abundantes nubes negras pueda caminar.
Dichoso con abundantes lluvias pueda caminar.
Dichoso con abundantes plantas pueda caminar.
Dichoso por un sendero de polen pueda caminar.
Dichoso pueda caminar.
Igual como fue en días lejanos ahora pueda caminar.
Todo sea bello delante de mí.
Todo sea bello detrás de mí.
Todo sea bello debajo de mí.
Todo sea bello arriba de mí.
Todo sea bello alrededor de mí.
En belleza esto termina.
En belleza esto termina.

Negritos (Malaya)

El jengibre

Su tallo se dobla al brotar las hojas,
se dobla hasta las raíces y se mece,
se dobla y se mece de muchos modos,
sus hojas se frotan y se hacen suaves,
en la escarpada Inas se agita,
en la escarpada Inas que es nuestra casa.
Se agita con la brisa leve,
se agita en la niebla, se agita en la bruma,
se agitan sus retoños,
se agitan en la bruma de las montañas,
se agitan en la brisa leve,
se mecen y se mecen en las montañas,
montañas de Beching, montañas de Inas,
montañas de Malau, montañas de Kuwi,
montañas de Mantan, montañas de Lumu,
en todas las montañas que son nuestra casa.

Nuevas Hébridas (Melanesia)

Canción a Tenmaru la aldea abandonada

Lugar Tenmaru, lugar sombrío,
    lugar sombrío.
Pero Nekhabat, el gran jefe,
permanecerá, como la tierra y la nube,
    ¡lugar sombrío!

Osages (Estados Unidos)

Oración

Wakanda, ten piedad de mí —porque soy pobre.
Dame lo que necesito,
haz que les gane a mis enemigos.
Préstame tu ayuda
para que pueda robar muchos caballos.

Otomíes (México)

Ayer florecía.
Hoy se marchita.

* * *

Haz a un lado tu vista,
nos iremos por allá.
Haz a un lado tu vista,
nos iremos por arriba.
Antes que sepa tu madre,
nos iremos lejos.

* * *

Florecita, florecita, estoy floreciendo aquí.
Que me corte, que me corte el que quiera.
Que venga, que venga, que me corte.

Páez (Colombia)

Al río Cauca

Allá en el monte sagrado
del seno de la tierra
con suave murmullo naciste.
Cauca recién nacido:
con la distancia crecerás
y te encontrarás algún día
con el Oso Blanco [los españoles].

* * *

A Yuma
[El río Magdalena]

Con mis cantos
reluciente y puro vas,
al mar inmortal.
Déjame sumergirme
en la frescura de tus aguas
para purificar mi espíritu
y refrescar mi cuerpo.
Dulce Yuma:
ven a mi corazón.
No te vayas al mar cruel,
ven a mi corazón, que el amor es eterno,
ven, yo soy la bella princesa Furatena.

* * *

La canción del cielo azul

Ea, ea, ea...
el mar está arriba,
el mar está arriba
y la luna también.
Las estrellas nadan en derredor.
¡Ah!, es el cielo azul.
Ea, ea, ea, es el cielo azul.

Paiutes (Estados Unidos)

Las montañas nevadas bajo las estrellas

La nieve está allí,
la nieve está allí,
la nieve está allí,
la nieve está allí,
la Vía Láctea está allí,
la Vía Láctea está allí.

* * *

La tempestad

Las piedras están sonando,
las piedras están sonando,
las piedras están sonando.
Están sonando en las montañas,
están sonando en las montañas,
están sonando en las montañas.

* * *

Canción del viento

El viento mueve los sauces,
el viento mueve los sauces,
el viento mueve los sauces,
el viento mueve la hierba,
el viento mueve la hierba,
el viento mueve la hierba.

* * *

Canción de las fuerzas elementales

¡Niebla! ¡Niebla!
¡Relámpagos! ¡Relámpagos!
¡Torbellino! ¡Torbellino!

* * *

Mucho tiempo, mucho tiempo,
la nieve ha estado en las montañas.

Han bajado el venado y el grandes-astas,
han seguido el sol hacia el Sur
para comer las vainas de mezquite y los zacates.
Suenan fuertes los tambores del trueno
en las tiendas de las montañas.
Mucho tiempo, mucho tiempo
hemos estado comiendo chía
y la carne de venado salada en el verano.
Estamos aburridos de nuestras chozas
y de nuestros vestidos ahumados.

Tenemos muchos deseos de sol
y de la hierba en las montañas.

Papagos (Estados Unidos)

¿Cómo empezaré mis cantos
en la noche azul que está llegando?

En la gran noche mi corazón saldrá afuera,
las sombras vienen hacia mí sonando.
En la gran noche mi corazón saldrá afuera.

* * *

Hilos de telégrafo

Hacia el Oeste va un camino de hierro
sobre él un hierro se alarga
susurrando, se alarga.

Canción

Me levanté temprano
en la mañana azul;
mi amor se había levantado antes que yo,
vino corriendo hacia mí desde las puertas del alba.

En la Montaña Papago
la presa moribunda
me miraba con los ojos de mi amor.

Pawnees (Estados Unidos)

Visión de los búfalos del pasado (I)

¡Ah, ah, ah!
¡Mira! Allá lejos en el pasado. ¡Mira! Un punto.
¡Mira! Allá lejos en el pasado. ¡Mira! Un punto.
¡Mira! Allá lejos en el pasado. ¡Mira! Un punto.

¡Ah, ah, ah!
¡Mira! Ahora en el presente. ¡Mira! Muchos puntos.
¡Mira! Ahora en el presente. ¡Mira! Muchos puntos.
¡Mira! Ahora en el presente. ¡Mira! Muchos puntos.

* * *

Visión de los búfalos del pasado (II)

¡Eh, eh, eh!
Allí van corriendo, allí van corriendo,
con polvaredas van corriendo,
allí van corriendo,
con polvaredas van corriendo.

¡Eh, eh, eh!
Viene un ternerito, viene un ternerito,
la búfala viene con el ternerito,
viene un ternerito,
la búfala viene con el ternerito.

* * *

Hasta los gusanos:
también ellos se aman.

* * *

Yo me paso toda la noche pensando
en esa otra cama.

* * *

Hazme ver si esto es real,
hazme ver si esto es real,
hazme ver si esto es real,
hazme ver si esto es real,
¿esta vida que yo vivo?
Tú que posees el cielo
hazme ver si esto es real,
esta vida que yo vivo.

* * *

*Canto compuesto por Tiriraktawirus
cuando se iba a la guerra solo*

Tú que tienes los cielos.
Yo estoy vivo.
Yo confío en Ti.
Otra vez, solitario, para la guerra.

* * *

Yo no sé si mis cantos llegan hasta el cielo.
Yo no sé si mis cantos llegan hasta el cielo.

Padre, a Ti gritamos.
Padre, a Ti gritamos.
Padre, a Ti gritamos.

* * *

Los cielos hablan

Yo contemplo, yo contemplo,
las nubes me están hablando.
Yo digo: «Tú eres el poder del mundo,
yo no lo entiendo, yo sólo sé lo que me han dicho,
tú eres el poder del mundo, tú ahora estás hablando,
este poder es tuyo, Cielos.»

Piaroas (Venezuela)

Un día
la luna se detendrá en el cielo;
se secarán las flores,
y en la selva
sólo crecerán las piedras.

Entonces,
después de aplastar el bohío
y a toda la gente piaroa
sólo existirá la Gran Piedra Negra.

* * *

El hombre blanco ha vuelto a la choza.
Sus ojos
brillan en la sombra
como las chispas que cocinan el pescado.
Con las largas manos
agarra el collar de Euari,
las flechas de Remie,
la falda de Chirimica,
la pequeña hamaca de Camó.
La niña llora a su voz de perro.
La mamá aprieta contra su pecho a Camó
y dice: déjanos.

Pigmeos (Africa)

La noche está oscura, el cielo negro,
hemos dejado la aldea de nuestros padres,
el Creador está airado con nosotros.

* * *

¡Estrellas resplandecientes de la noche blanca,
luna que brillas allá arriba,
atravesando el bosque con tus pálidos rayos,
estrellas, amigas de los espíritus blancos,
luna, su protectora!

* * *

Dios nos ha abandonado.
El creador del sol no nos da vida.
Oh pálida luna,
el creador del sol no nos da vida.

* * *

Espíritus del bosque, espectros de la noche,
que durante el claro día,
como el murciélago que chupa la sangre de los hombres,
están colgados de las paredes resbaladizas de las grandes
    cavernas,
detrás del musgo verde, detrás de las grandes piedras
    blancas.
Dinos: quién los ha visto, a los espectros de la noche,
dinos: quién los ha visto.

* * *

El elefante

En el bosque lloroso, bajo el viento de la tarde,
la noche, toda negra, se ha acostado contenta.
En el cielo las estrellas han huido temblando,
luciérnagas que brillan vagamente y se apagan;
arriba la luna está oscura, su luz blanca apagada.
Los espíritus andan dando vueltas.
¡Cazador de elefantes, toma tu arco!
¡Cazador de elefantes, toma tu arco!

El árbol duerme en el bosque medroso, las hojas están muertas,
los monos han cerrado los ojos, colgados de las ramas allá arriba.
Los antílopes se deslizan con pasos silenciosos,
comen la hierba fresca, aguzan atentamente los oídos,
levantan la cabeza y escuchan asustados.
La cigarra se calla, detiene su canto rechinante.
¡Cazador de elefantes, toma tu arco!
¡Cazador de elefantes, toma tu arco!

En el bosque azotado por la gran lluvia,
papá elefante camina pesadamente, *baou, baou,*
sin cuidado y sin miedo, seguro de su fuerza,
papá elefante a quien nadie puede vencer;
entre los árboles quebrados se para, y sigue otra vez.
Come, ruge, bota los palos y busca a su hembra.
Papá elefante, se te oyó desde lejos.
¡Cazador de elefantes, toma tu arco!
¡Cazador de elefantes, toma tu arco!

En el bosque donde nadie pasa sino tú,
cazador, ten valor, salta y camina,
allí tienes carne, el gran trozo de carne,
la carne que camina como una loma,
la carne que alegra el corazón,
la carne que se va a asar en el fuego,
la carne en la que se entierran los dientes,
la rica carne roja y la sangre que se bebe humeante.
¡Cazador de elefantes, toma tu arco!
¡Cazador de elefantes, toma tu arco!

* * *

Canción de Nkü

El bosque es grande, el viento está bueno.
¡Adelante los Be-ku, con el arco al hombro!
Por aquí, por allá, por aquí y por allá.
¡Un zahíno! ¿Quién mata el zahíno?
Fue Knü. ¿Pero quién se lo come? ¡Pobre Knü!
Destázalo, sin embargo. Te comerás las tripas.
¡Pun! Un elefante al suelo.
¿Quién cogerá los colmillos? ¡Pobre Knü!
Derríbalo, sin embargo. Porque te darán la cola.
Sin casa como los monos,
¿quién recoge la miel? Es Knü.
¿Pero quién se la come hasta empacharse? ¡Pobre Knü!
Recógela, sin embargo. Porque te darán la cera.
Los Blancos están allí. ¡Buenos Blancos!
¿Quién danza? Es Knü.
¿Pero quién se fumará el tabaco? ¡Pobre Knü!
Pero siéntate, sin embargo, y extiende la mano.

* * *

Muchos días han pasado
somos el campo que emigra.
Tal vez por delante tenemos días claros.
Nosotros no nacemos como las bestias.
Cuando venimos al mundo, el Creador nos mira
y nosotros a Él, con el rostro hacia el cielo...

* * *

Conjuro contra el espíritu caníbal

Ogiri, tú que cuando vivías comías gente,
¡Ogiri, no te acerques a nuestras chozas!
Hemos visto brillar tus ojos en la noche negra, ¡ay, Ogiri!
Hemos oído tus dientes haciendo *kra, kra,*
tú que cuando vivías comías gente,
¡ay, Ogiri, a quien nosotros conocemos bien,
no vengas cerca de nuestras chozas!

* * *

Canto funerario

El animal corre, y pasa y muere. Y es el gran frío.
  Es el gran frío de la noche, es la oscuridad.
El pájaro vuela, y pasa, y muere. Y es el gran frío.
  Es el gran frío de la noche, es la oscuridad.
El pescado nada, y pasa y muere. Y es el gran frío.
  Es el gran frío de la noche, y es la oscuridad.
El hombre come y duerme, y muere. Y es el gran frío.
  Es el gran frío de la noche, y es la oscuridad.
Hay luz en el cielo, los ojos ya no miran, pero las estrellas brillan.
El frío es aquí abajo, la luz es allá arriba.
¡El hombre ha pasado, la sombra se desvaneció, el prisionero fue libertado!

  ¡Khvum, Khvum, ven pues te llamamos!

* * *

Llevado por los espíritus malignos de la selva,
el elefante viejo, padre del rebaño,
el que camina solo, y ya no lo quieren las hembras,
oh padre elefante, ¿dónde está tu fuerza varonil?
¿La fuerza de la que tanto te jactabas?
Llevado por los espíritus malignos de la selva,
el elefante viejo se acerca a nuestras chozas.
Que tu ojo no las vea, padre elefante,
que tu oreja no oiga al niñito que grita *gnian, gnian,*
que tu pie, que es tan grande, no aplaste nuestras chozas,
oh padre elefante, oh padre elefante.

* * *

La luz se nos oscurece,
la noche y otra vez la noche,
mañana el día con hambre;
el Hacedor está irritado con nosotros.
Los Antiguos han desaparecido.
Sus huesos están por allá, bajo.
Sus espíritus andan volando.
¿Dónde es que andan volando?

Tal vez lo sabe el viento que pasa.
Sus huesos están por allá, bajo.
¿Están bajo, los espíritus? ¿Están aquí?
¿Verán las ofrendas que ponemos?
Mañana es vacío y desnudez;
porque el Hacedor ya no está aquí,
ya no está el que nos invitaba sentado junto al fuego.

* * *

Oración

Oh Waka, tú me has dado este búfalo,
esta miel, este vino.

* * *

Canción del Arco Iris

Khwa, tú, oh Khwa, Arco Iris, oh Arco Iris,
resplandeces allá en lo alto, tan alto
sobre el bosque inmenso,
en medio de las nubes negras,
partiendo en dos el cielo oscuro,
y ganador en la lucha
haces que se te doble
el trueno rugidor
con sus rugidos terribles, tan furioso.
¿Estaba furioso con nosotros?
En medio de las nubes negras,
partiendo en dos el cielo oscuro,
como parte el cuchillo la fruta madura.
Arco Iris, Arco Iris.
Y se fue corriendo,
el trueno que mata gente,
como el antílope se corre de la pantera;
y se fue corriendo,
Arco Iris, Arco Iris,
arco potente del Gran Cazador,
del Gran Cazador que persigue al rebaño de nubes
como un rebaño de elefantes asustados,
Arco Iris, dale nuestras gracias a Él.

Dile: No te enfurezcas.
Dile: No estés irritado.
Dile: No nos mates,
porque tenemos miedo.
Arco Iris, dilo a Él.

* * *

Canto para la consagración de las armas

Khmvoum, oh Khmvoum, Tú eres el Señor,
oh Creador, el Señor de todos,
Dueño del bosque, Dueño de las cosas,
Dueño de los hombres, oh Khmvoum;
y nosotros, los más pequeños, nosotros somos tus siervos.
Dueño de los hombres, oh Khmvoum,
Manda, oh Dueño de la Vida y de la Muerte,
y nosotros obedeceremos.

* * *

Canto de la presentación de un niño

A ti, el Creador, a ti, el Poderoso,
te ofrezco este retoño nuevo,
un fruto fresco del árbol viejo.
Tú eres el amo, nosotros somos tus hijos.
A ti, el Creador, a ti, el Poderoso,
Khmvoum, Khmvoum,
te ofrezco esta plantita nueva.

* * *

A la Luna

Madre Luna, Madre Luna, ¡eh!
Madre de todo lo que vive,
óyenos, Madre Luna,
escucha nuestra voz, Madre Luna,
Madre Luna, Madre Luna, ¡eh!

Pima (Estados Unidos)

La creación de las estrellas

¡Yo he hecho las estrellas!
¡Yo he hecho las estrellas!
Las puse encima de la tierra.
Hice todas las cosas que hay arriba
y las dejé para que iluminen.

* * *

Aunque soy una pobre puta,
mi corazón se enciende con el canto
mientras la tarde es todavía joven.
Mi corazón se enciende con el canto.

Quechuas (Perú)

Beberemos en el cráneo del traidor,
usaremos sus dientes como collar,
de sus huesos haremos flautas,
de su piel haremos un tambor;
después bailaremos.

* * *

¿Acaso fue mi madre la vicuña de las pampas
o fue mi padre el venado de los montes,
para ser errante,
para andar sin descanso
por los montes y las pampas
arropado tan sólo por el viento,
en los valles y los cerros
vestido de viento y de frío?

¿O nací en el nido del pukupuku
para llorar en el día,
para llorar en la noche,
como el pichón del pukupuku
arropado tan sólo por el viento?

* * *

Sobre terso lago
vi una gaviota.
«Memoria —le dije—
de grato recuerdo.»

* * *

Me dio el ser mi madre
    ¡Ay!
entre nubes de lluvia
    ¡Ay!
semejante a la lluvia para llorar
    ¡Ay!

* * *

Las gotas de agua
que amanecen en las flores
son lágrimas de la luna
que de noche llora.

* * *

Canción

¿Hay ají en tu campo?
Con el pretexto de que hay ají voy a ir.
¿Hay flores en tu campo?
Con el pretexto de que hay flores voy a ir.

* * *

Cristalino río

Cristalino río
de los bosques de lambras,
lágrimas
de los peces de oro,
llanto
de los grandes precipicios.

Hondo río
de los bosques de tara,
el que se pierde
en el recodo del abismo,
el que grita
en el barranco donde tienen su guarida los loros.

Lejano, lejano,
río amado,
llévame
con mi hermosa amante
por en medio de las rocas,
entre las nubes de lluvia.

Rodesia del Norte (Africa)

Mira cómo da vueltas
el aeroplano sobre el aeródromo.

Santales (India)

En la maleza
¿quiénes dos se están peleando?
La muchacha le está agarrando el pecho,
el muchacho le está agarrando los senos;
muchacho y muchacha se mecen juntos.

Seminoles (Estados Unidos)

Nos están llevando más allá de Miami,
nos están llevando más allá del río Caloosa,
nos están llevando al final de nuestra tribu.
Nos están llevando a Palm Beach, regresándonos a orillas del lago Okeechobee,
nos están llevando a una aldea vieja en el Oeste.

Siberia

Oración

Sol, no te enojes,
hemos hecho la paz entre nosotros;
hasta el fin de nuestra vida
no usaremos las armas los unos contra los otros.

Sioux (Estados Unidos)

La canción del oso

Mi zarpa es sagrada,
todas las cosas son sagradas.

* * *

Padre, píntame la tierra en mi cuerpo.
Padre, píntame la tierra en mi cuerpo.
Padre, píntame la tierra en mi cuerpo.
Una nación yo voy a transformar.
Una nación de hombres yo haré sagrada.
Padre, píntame la tierra en mi cuerpo.

* * *

Oración

Abuelo,
voy a lanzar mi voz,
¡escúchame!
Por todo el universo

voy a lanzar mi voz,
¡escúchame,
abuelo!
¡Quiero vivir!
Ya lo he dicho.

* * *

Visión de las praderas del cielo

Ahora levanta la tienda,
ahora levanta la tienda.
Abajo en derredor,
abajo en derredor,
clava las estacas,
clava las estacas,
mientras yo voy a cocinar,
mientras yo voy a cocinar.

* * *

Wakan-tanka

Wakan-tanka—
Cuando yo le rezo
él me oye.
Todo lo que es bueno
Wakan-tanka me lo da.

* * *

Canción compuesta por Sitting Bull

Un guerrero
yo he sido.
Eso ya pasó.
Mi vida
es dura.

* * *

Las lechuzas me chiflan.
Las lechuzas me chiflan.
Esto es lo que oigo
toda mi vida.
Los lobos me aúllan.
Los lobos me aúllan.
Esto es lo que oigo
toda mi vida.

* * *

Oración

Te prometo una camisa de cretona y un vestido,
oh Wakanda.
También te daré una manta
si haces que regrese sano y salvo a mi casa
después de haber matado a un Pawnee.

* * *

[En ocasión de haberse recibido un mensaje de Washington]

El gran abuelo [el Presidente]
ha dicho
nos dicen
«Dakotas
sed ciudadanos»,
él dijo
nos dicen,
pero
es imposible para mí:
las costumbres dakotas
yo las amo
he dicho
por tanto
yo las guardo.

* * *

*Llamamiento de una muchacha
a su madre muerta*

Madre, vuelve a la casa; madre, vuelve a la casa.
Mi hermanito camina siempre llorando,
mi hermanito camina siempre llorando.
Madre, vuelve a la casa; madre, vuelve a la casa.

A un indio Crow

Indio Crow,
vigila tus caballos,
yo soy muchas veces
un ladrón de caballos.

* * *

Canción de un amante despechado al ir para la guerra

Cuando regreséis
decidle a ella
que ya hace mucho tiempo
me mataron.

* * *

Las lechuzas
silbando
toda la noche,
las lechuzas
silbando.

* * *

Segunda Guerra Mundial

Hay guerra al otro lado del agua.
Y todos los indios van allá.
Eso dijo el Presidente.

Somalios (Africa)

Podría desgarrarlo todo como un león,
en vez de eso me acerco cauteloso como una liebre.
Podría ser un destructor, fuerte como un árbol galol,
en vez de eso soy flexible como planta bo'o.
Podría igualar las olas del mar,
en vez de eso soy tranquilo como la fuente Geiti.
En vez de andar con un mazo y escudo
alzo el vuelo como mariposa.
Podría presentarme como el primogénito de un jefe
y en vez de eso soy semejante a un hombre de raza vil.

Swahilis (Africa)

Añoranza

¡Magoboreni!
Voy a hacer un ramillete de jazmines
para sentir el olor de la tierra de Magoboreni.

Tahití (Polinesia)

He aquí a los dioses de Hawaii, el lugar del nacimiento
  de las tierras,
de Hawaii, el lugar del nacimiento de los dioses,
de Hawaii, el lugar del nacimiento de los pueblos.
Dioses en el interior, dioses en el exterior,
dioses arriba, dioses abajo,
dioses en el océano, dioses en la tierra,
dioses encarnados, dioses no encarnados,
dioses que castigan los pecados, dioses que perdonan,
dioses devoradores de hombres, dioses que matan a los
  guerreros,
dioses que salvan a los hombres,
dioses de oscuridad, dioses de luz,
dioses de los diez cielos.
¿Pueden contarse todos los dioses?
Los dioses son innumerables.

Himno de la Creación

Sólo Él existía. Taaroa era su nombre.
En el inmenso vacío no había ni la tierra ni el cielo,
ni el hombre ni el mar.
Taaroa llama, nadie contesta.
Porque sólo Él existía, y Él se convirtió en universo.
Taaroa es la raíz, la roca.
Taaroa es las arenas.
Taaroa extiende sus ramas.
Taaroa es la luz.
Taaroa es lo interior.
Taaroa es lo inferior.
Taaroa es duradero.
Taaroa es sabio.
Él hizo la tierra de Hawaii,
la tierra sagrada de Hawaii,
como una concha marina para Taaroa.
Y la tierra empieza a danzar [a moverse].
¡Fundamentos! ¡Rocas!
Arenas! ¡Venid aquí!
Reuníos aquí, y amasad, juntos, la tierra.
Amasad, amasad más.
Extended los siete cielos, que cese la ignorancia.
Cread los cielos, que cesen las tinieblas.
Que cese la angustia interior.
Ahora es el tiempo del discurso.
Son amasados los fundamentos.
Son amasadas las rocas.
Son amasadas las arenas.
Y los cielos se cierran,
los cielos se levantan,
para dejar los abismos y acabar de hacer la tierra de
  Hawaii.

Tanganica (Africa)

Oración de los pescadores

Espíritu, danos un lago en calma,
poco viento, poca lluvia,
para que las canoas puedan ir bien,
para que las canoas puedan ir rápido.

Tarascos (México)

Mirando la Cruz del Sur

Mi corazón recuerda muchas cosas
viendo brillar las cuatro estrellas.
Ellas siempre saldrán, yo me estoy yendo.
No volveré jamás, yo me estoy yendo.

Tewas (Estados Unidos)

Allá en Sukwa-ke florecía una flor.
Y esa flor, esa flor, cuando aquí la veo,
ahora, ay, tan lejos, me hace llorar.
Esa flor, esa flor, siempre que la veo.
Allá florecía tan bella, fresca y amarilla.

* * *

En algún sitio allá en el Oeste
tú vas ahora a recoger leña.
Y unas veces gritas y otras veces cantas.
¡Sí, ya me vino el recuerdo! Tú me dejaste.
Yo me reía, pero ¡tú me dejaste!

* * *

Llevamos lindas flores.
Florcitas de melón llevamos.
Florcitas de sandía llevamos.
Así ahora llevamos flores.

Tlinkites (Alaska)

*Poema compuesto por Piel-de-Cuervo
cuando fue abandonado por su amada*

Si uno pudiera morir como quisiera,
sería muy fácil morir con una mujer-lobo.
Sería muy grato.

* * *

*Poema compuesto por Hombre-que-no-estaba-bien para la
princesa Thom, que era más visitada por los hombres
que una taberna*

Aun de una taberna los hombres se van al fin,
mas nunca se van de ti,
mujer Cuervo.

* * *

¿Por qué vine desde lejos, tierra adentro, a buscarte en
   Dyea,
para encontrar que te habías ido en barco a otra aldea?
Me he quedado aquí, llorando por ti.

* * *

Cómo serán las mañanas de julio,
me pregunto.
Mi corazón desmaya al pensar
que no volveré a ver a mi amor.

Tonga (Polinesia)

El esposo abandonado

Vuelve de Toa, ¡oh Aitofa,
mi bella esposa errante!
Como la corriente rápida en Onoiau,
como el torrente espumoso del valle,
así mi anhelante corazón corre hacia ti.
Aitofa, ten compasión de tu amado, que se muere.

El promontorio de Tainau se volvió bello por ti.
El esposo temerá, se estremecerá, desmayará, con la llegada,
con el regreso del amor de la querida esposa,
de ese rostro tan luminoso y tan bello.
La luna hundiéndose entre las sombras de Occidente es la imagen del esposo,
la imagen de Moanarai ahora.
Como una gran nube que oscurece el cielo es su dolor,
el dolor del esposo que llora por su esposa ausente.
Y como el cielo ennegrecido es mi tristeza por ella.

* * *

¡Ay de mí, ay de mí! ¡Mi linda esposa,
mi amorcito, se ha perdido!
Mi linda esposa vaga,
mi amiga, que me hizo valiente,
mi amiga en la tormenta, me fue quitada.
Una corona de hojas del árbol de *fara,* una guirnalda de
   flores de pandánea, tengo para ti,
Atiofafi, y ¡ay, tú te has ido!

¡Ay, pobre de mí! ¿Está bien que me trataras así?
Ah, vas llevada sobre las olas de los bajíos de Aoa,
estás cruzando el perfumado valle de Vavaara,
dejaste atrás el Monte Rotui, más allá de las fauces de la
   Región de los Muertos.
Olvidaste el lugar donde te bañabas con su agua clara,
y tus matas de gardenias que siempre están floreciendo.
¡Ay de ti, Atiofa! Eres una canoíta de juguete que se
   lleva el viento.

¡Ay de mí por mi angustia y el furor de mi corazón!
¡Ay de mí! Me desespero y pienso en el suicidio,
estoy enloquecido. ¡Ay de nosotros dos!
El alma del esposo vuelve otra vez a esforzarse por
   recobrar tu amor.

¡Ay de mi amada! Tu cara bella está ausente;
nada gano con estar en casa.
Una espina aguda para mí, una linda espinita eres.
¿Cuál es mi culpa, por la que tú te enfadaste?
¿Por la que tú me dejaste?
¿Por qué cortaste la cuerda del amor y te fuiste, mujer
   mala?

Como una tormenta larga es mi furia,
en mi palpitación adentro, aquí adentro de mí.
Mis entrañas te anhelan, mi corazón se deshace por ti.
Me hiela el afecto lánguido por ti. ¡Oh Aitofa, vuelve!

Aquí tengo un manojo de plumas rojas para ti,
aquí tengo una guirnalda de plumas escarlata para ti,
aquí tengo un collar de perlas bellas para ti,
aquí está tu casa.
Yo soy Moanarai tu esposo.

Tsimshianes (Canadá)

Oración

¡Jefe, jefe!
¡Ten piedad de nosotros!
Pues si no, no habrá nadie que fume delante de Ti.

Tupis (Amazonas)

Luna Nueva, Luna Nueva:
¡que ese hombre se acuerde de mí!
Yo estoy aquí en tu presencia.
Haz que tan sólo yo
ocupe su corazón.

Tuaregs (Africa del Norte)

La gacela que tú heriste
vino a morir bajo los tamarindos
cerca del redil donde mis esclavas
lavan sus ropas.
La encontramos al atardecer
de regreso a nuestras tiendas.
Aún estaban suaves sus miembros,
y sus párpados
no cubrían totalmente
sus largos ojos tristes.
En el asta de la lanza
clavada en su flanco
reconocí tu marca.
¿Seré yo como la gacela?
Respóndeme, por Dios, oh tú, cuya mirada
ha herido mi corazón.

Poema de Eberkaou
[Mujer célebre por su belleza y espiritualidad]

¿Lo compararé a un camello blanco, a un escudo de
 Tarma?
¿A un rebaño de antílopes de Kita?
¿A franjas de cinturón rojo de Jerba?
¿A racimos que acaban de madurar
en un valle donde, junto a él, madura el dátil?
Amoumen es el hilo en el que están ensartadas las perlas
 de mi collar.
Es el cordón del que están colgados los talismanes que
 están sobre mi pecho; es mi vida.

* * *

Bekki, el amor que siento por ti, ¿cómo podré ocultarlo?
Porque no está en la mano, donde bastaría golpearlo para
 hacerlo caer.
Es en el corazón mismo donde se halla, allí donde está
 firme.
Hekkou, su piel tiene la dulzura del pan de azúcar
que gusta a todos los jóvenes;
ella es como una cría de antílope descendiendo al río Tigi,
que va de gomero en gomero, comiendo las hojas tiernas
 en la noche de verano.

Tunebos (Colombia)

Canto mágico

Para ser dicho a Sira [dios de la luz],
para decirle Padre al Sol,
vamos, vamos, para decirle.
Para que se diga a Unkara,
para que se diga a Raba.
Para que ahora se vuelva a decirles.
Cante para decirles.
Para ser dicho a Bua.
Para ser dicho a Ana.
Para ser dicho a Güetsa.
Vamos, vamos, para decirle.
Para ser dicho a Tjija.
Para ser dicho a Baukara.
Vamos, vamos.
Para ser dicho a Sira.
Id... a Rayota.
Unas palabras que están puestas allí.
Debajo [o adentro]...?
Para decirle Padre al Sol
cuando el día aparece.

Para decir a Tchija el Padre.
Acuérdate de nuevo del Sol,
¡acuérdate de nuevo!

Veddas (Ceilán)

Los monos

Arrancan y arrojan las ramas,
brincan hasta aquel tronco,
vienen para acá diciendo: «¡Ah! ¡Oh!»
Arrancan y arrojan las ramas,
danzan en este tronco.
¿Por qué se quedan parados y miran, los dos ellos?

Waraos (Venezuela)

La British Control Co.

En la Compañía
hay mucho dinero,
mucho.

Pero en Murajana
dinero
no hay.

* * *

Los caribes,
los caribes,
ahora del mar lejano,
de las islas,
han llegado.

Buscando nuestra carne
para comida de ellos,
enfrente de nosotros
están ahora.

En el recodo del Motanaina,
jadeantes de alegría,
los caribes,
están ahora,
están ahora.

* * *

Los pumas
con sus manos recogidas contra el pecho,
aunque pedazos de carne no tienen,
unos a otros se recelan.

* * *

A la casa de la Misión,
a la casa de la Misión,
llegué,
y corté flores rojas.

Llegué
y las corté.

En la casa de la Misión,
cuando llegué,
corté flores rojas.

* * *

Canción de cuna

Hermano chiquito,
no llores, duérmete.
El tigre vendrá
a por ti,
si continúas llorando;
duérmete.
El tigre viene...
No llores,
duérmete.

Sobre las hojas cortadas del moriche
viene
y te comerá.
Duérmete.
El tigre viene.
No llores, duérmete.
Te va a comer.
Un mono viene...

* * *

El río Amakuru

Al Amakuru
yo lo amo.
La garza morena del Amakuru
tiene la lengua chiquita.
Cuando anda entre las piedras,
los camaroncitos de las piedras
los está partiendo con el pico.

* * *

El río Makeri

Makeri, Makeri,
río lindísimo.
Por eso es,
por eso es
que no me voy de él.
Hago plantaciones
por todas partes.
Por todas partes
hago plantaciones.

* * *

Los araguatos ahora
están aullando ahora.
Los araguatos ahora
están aullando ahora.

Mañana a esta hora
cuando las hojas del *iburu*
coman a esta hora
estarán aullando.

El araguatito ahora
está aullando ahora.

* * *

En la desembocadura del Guapoa
la atracada
bellísima.

Por todas partes
abundan los morichales,
abunda la yuruma,
abunda la chicha de moriche,
y los pescados de toda clase
abundan.

Esa es la razón de mi canto.
Por eso canto yo.

* * *

Del Orinoco Grande,
del Orinoco Grande,
de la desembocadura,
vienen unas muchachas,
están viniendo unas muchachas.
La curiara de las muchachas viene,
la curiara de las muchachas.

* * *

Los caribes ahora,
los caribes ahora
¿adónde irán ahora?,
¿adónde irán ahora?
En la cumbre del cerro
los caribes van ahora.

* * *

Sobre la multitud de palmas tiernas de moriche cortadas
viene algo...
         Huyamos.
Viene algo...
         Huyamos.

* * *

Gentes del Orinoco,
venimos a estar con ustedes.

Venimos a estar con ustedes.
Abandonamos nuestros cerros.

Abandonamos nuestros cerros.
Venimos a estar con ustedes.

* * *

Mi marido se marchó
en el barco grande.
Por la mitad del río
va remontando,
y se oculta tras la vuelta del río.

* * *

Los de Yaroima
tienen
muchachas lindas.
Y aguas de olores tienen
los de Yaroima.

* * *

Garza
de patas débiles.

* * *

Merejina:
sobre el cerro de las gentes del Merejina
un perro aúlla.

Yamanes (Tierra del Fuego)

Lamento

Mi Padre, ¿por qué me ha castigado Él,
    allá en lo alto?

Lamento

Mi Padre de arriba está irritado conmigo ¡ay!
Sí, el Matador de la montaña está irritado ¡ay!

Canto de júbilo
[Sin sentido]

Ja ma la
Ja ma la
Ja ma la.
O la la la la
la la la la la.

Yaquis (México)

Venadito de flores, ya vienes a jugar
en esta agua de flores.

Allá lejos, en la Tierra Florida, en el patio florido,
estás jugando en un agua de flores.
Venadito tierno de flores, ya vienes a jugar
en el agua de flores.

* * *

Venadito de flores,
bajo la flor de la cholla te paras
a frotar tus cuernos,
encorvando y volteando tus cuernos para frotarlos.

* * *

Y allá lejos, en la Tierra Florida, debajo del Amanecer,
bajo otra flor de cholla te paras
a frotar tus cuernos;
venadito de flores, bajo la flor de la cholla te paras
encorvando y volteando tus cuernos para frotarlos.

* * *

¿Adónde es que silbas tú, palo seco?
Allá estás silbando tú, palo seco.

Allá lejos, en la Tierra Florida, en medio del monte,
allá lejos, en aquel lugar, estás silbando,
palo viejo seco.
Allá estás silbando, palo viejo seco.

* * *

Cuando viene la fresca noche,
te levantas de la rama de mesquite,
pájaro negro.

Y allá lejos, en la Tierra Florida, debajo del Amanecer,
allá lejos, en aquel lugar,
te levantas de una rama de mesquite,
pájaro negro.

* * *

Parecen venir hacia acá, las palomitas del monte,
las tres cabecitas grises meneándose rápidas,
caminando hacia el agua de flores,
luego las tres cabecitas grises se alejan juntas
caminando lentamente.

Y allá lejos, en la Tierra Florida, debajo del Amanecer,
van tres cabecitas grises meneándose,
hacia el agua de flores,
y luego juntas, alejándose lentamente.

* * *

En verano vienen las lluvias y nace la hierba.
Es la época en que el ciervo tiene cuernos nuevos.

* * *

Corres delante de la tempestad de polvo,
venado encantado, haciendo mucho ruido.

* * *

El venado
mira a una flor.

Canción

Muchas flores bellas, rojas, azules, y amarillas.
Decimos a las muchachas: «Vamos a pasear entre las flores.»
El viento viene y mece las flores.
Las muchachas son como ellas cuando danzan.
Unas son flores grandes y abiertas,
otras son florecitas pequeñas.
Los pájaros aman al sol y las estrellas.
El olor de las flores es muy dulce.
Las muchachas son más dulces que las flores.

Yorubas (Africa)

Nos encontraremos otra vez el próximo año.
Todos los años aparece en los algodonales
el insecto *yemeti*.

El ser supremo

¡Inmenso con sus vestidos blancos!
Duerme con sus vestidos blancos.
Se despierta con sus vestidos blancos.
Se levanta con sus vestidos blancos.

Oración

¡Padre de todos los niños!
Prepara una medicina a los niños.
Los niños no tienen medicina.

Yumas (Estados Unidos)

La lechuza silbó y habló de la estrella de la mañana.
Silbó otra vez y habló de la aurora.

Zuñis (Estados Unidos)

Canción

La cigarra, la cigarra tocando la flauta,
la cigarra, la cigarra tocando la flauta.
Allá arriba en la rama de pino
pegada allí
    tocando la flauta
    tocando la flauta.

* * *

Todos, vengan todos, suban todos, entren todos, siéntense todos,
éramos pobres, pobres, pobres, pobres, pobres.

Alianza Tres

Ultimos títulos publicados

44, 45, 46, 47. Corpus Barga:
Los pasos contados
Una vida a caballo de dos
siglos (1887-1957)

48. Jorge Luis Borges:
Obra poética

49. Thomas Hardy:
Tess, la de los d'Urberville

50. Antología de poesía primitiva
Selección y prólogo
de Ernesto Cardenal

51. Saul Below:
La víctima

52. Adolfo Bioy Casares:
Dormir al sol

53. Antología poética en honor
de Góngora desde
Lope de Vega a Rubén Darío
Recogida por Gerardo Diego

54. Peter Handke:
La mujer zurda
Relato

55. Hermann Broch:
La muerte de Virgilio

56. Lou Andreas-Salomé:
Mirada retrospectiva

57. El Siglo Once en 1.ª persona.
Las «Memorias» de 'Abd Allah,
último rey Ziri de Granada
destronado por los Almorávides
(1090). Traducidas por
E. Lévi-Provençal (ob. 1956)
y Emilio García Gómez

58. Francisco García Lorca:
Federico y su mundo

59. Iris Murdoch:
El castillo de arena

60. Mijail Bulgakov:
El maestro y Margarita

61. La muerte del rey Arturo
Introducción y traducción
de Carlos Alvar

62. Gerald Durrell:
Bichos y demás parientes

63. José Bergamín:
Al fin y al cabo. Prosas

64. José María Guelbenzu:
El río de la luna

65. Rainer María Rilke:
Los apuntes de Malte
Laurids Brigge

66. Poesía de Trovadores,
Trouvères y Minnesinger
Edición bilingüe
Antología de Carlos Alvar

67. Emilio García Gómez:
El mejor Ben Quzmán
en 40 zéjeles

68. E. M. Forster:
Pasaje a la India

69. Rafael Dieste:
El alma y el espejo

70. Jorge Amado:
Doña Flor y sus dos maridos

71. Jean Paul:
La edad del pavo

72. Jorge Luis Borges:
La cifra

73. Jorge Amado:
Tienda de los milagros

74. Federico García Lorca:
Lola la comedianta

75. Beatriz Guido:
La caída

76. Jorge Luis Borges:
Obras completas
en colaboración, 1

77. E. M. Forster:
La mansión

78. Miguel Angel Asturias:
Viento fuerte

79. Jorge Amado:
Gabriela, clavo y canela

80. Rafael Sánchez Ferlosio:
Las semanas del jardín

81. José María Arguedas:
Todas las sangres

82. Gerald Durrell:
El jardín de los dioses

83. Ramón Carande:
Galería de raros

84. Silvina Ocampo:
La furia y otros cuentos

85. Vlady Kociancich:
La octava maravilla

86. Carlos Barral:
Los años sin excusa.
Memorias II

87. Francisco Ayala:
Recuerdos y olvidos

88. Miguel Angel Asturias:
El papa verde

89. Miguel Hernández:
Obra poética completa

90. Ciro Alegría:
El mundo es ancho y ajeno

91. Roger Poole:
La Virginia Woolf desconocida

92. Mercé Rodoreda:
Mi Cristina y otros cuentos

93. C. P. Cavafis:
Poesía completa

94. Agustina Bessa Luís:
Cuentos impopulares

95. José Ferrater Mora:
Claudia, mi Claudia

96. William Golding:
Ritos de paso

97. César Vallejo:
    Obra poética completa
98. Peter Handke:
    Gaspar
    El pupilo quiere ser tutor
    Insultos al público
99. Juan Ramón Jiménez:
    Política poética
100. Mercè Rodoreda:
    Aloma
101. Miguel Angel Asturias:
    Los ojos de los enterrados
102. Gunnar Ekelöf:
    Diwan
103. Rafael Cansinos-Assens:
    La novela de un literato, I
104. August Strindberg:
    Teatro escogido
105. Beatriz Guido:
    La invitación
106. Miguel Angel Asturias:
    Mulata de tal
107. Fernando Pessoa:
    Poesía
108. Jorge Luis Borges:
    Obras completas
    en colaboración, 2
109. F. Scott y Zelda Fitzgerald:
    Pizcas de paraíso
110. Jorge Amado:
    Tereza Batista cansada
    de guerra
111. Francisco Ayala:
    Recuerdos y olvidos
    2. El exilio
112. Henri Michaux:
    En otros lugares
113. Iris Murdoch:
    La campana
114. Hermann Hesse:
    Escritos sobre literatura, 1
115. José Lezama Lima:
    Paradiso
116. Thomas Bernhard:
    Corrección
117. Octavio Paz:
    Los signos en rotación
    y otros ensayos
118. Pedro Salinas:
    El defensor
119. Miguel Angel Asturias:
    Viernes de dolores
120. C. P. Snow:
    Una mano de barniz
121. Ernst Jünger:
    Visita a Godenholm
122. Adolfo Bioy Casares:
    Diario de la guerra del cerdo
123. Silvina Ocampo:
    Los días de la noche
124. José Lezama Lima:
    Oppiano Licario
125. August Strindberg:
    Teatro de cámara
126. Theodor Fontane:
    Effi Briest
127. Miguel Angel Asturias:
    Maladrón
128. Hermann Hesse:
    Escritos sobre literatura, 2
129. Iris Murdoch:
    La cabeza cortada
130. Joanot Martorell - Martí Joan
    de Galba:
    Tirant lo Blanc, 1
131. Joanot Martorell - Martí Joan
    de Galba:
    Tirant lo Blanc, 2
132. Jorge Amado:
    Capitanes de la arena
133. Elena Poniatowska:
    Hasta no verte, Jesús mío
134. William Golding:
    La oscuridad visible
135. Nadezhda Mandelstam:
    Contra toda esperanza
136. Thomas Bernhard:
    La calera
137. Pedro Salinas:
    Cartas de amor a Margarita
138. Adolfo Bioy Casares:
    El sueño de los héroes
139. Miguel Angel Asturias:
    Week-end en Guatemala
140. Doris Lessing:
    Cuentos africanos, 1
141. José María Guelbenzu:
    El esperado
142. Snorri Sturluson:
    Edda menor
143. André Gide:
    Los alimentos terrenales
144. Arnold Zweig:
    La disputa por el sargento
    Grischa
145. Henry James:
    El retrato de una dama
146. K. S. Karol:
    La nieve roja
147. William Golding:
    Los hombres de papel

148. Ernst Jünger:
Abejas de cristal
149. Rafael Cansinos-Assens:
La novela de un literato, 2
150. El poema de Mío Cid.
Versión de Pedro Salinas
151. José Ferrater Mora:
Voltaire en Nueva York
152. Peter Handke:
Lento regreso
153. Pu Songling:
Cuentos de Liao Zhai
154. Jean-Paul Sartre:
Freud
155. Eugène Ionesco:
El porvenir está en los huevos - Jacques o la sumisión - Víctimas del deber - Amadeo o cómo librarse de él
156. Antonio Di Benedetto:
Sombras, nada más...
157. Fernando Pessoa:
Sobre literatura y arte
158. José Revueltas:
Antología. Prólogo de Octavio Paz
159. Jorge Luis Borges:
Los conjurados
160. Thomas Bernhard:
Helada
161. Jean-Paul Sartre:
Escritos sobre literatura, 1
162. Adolfo Bioy Casares:
La aventura de un fotógrafo en La Plata
163. Peter Handke:
La doctrina de Sainte-Victoire
164. Italo Calvino:
Palomar
165. Edda Mayor
Edición de Luis Lerate
166. Doris Lessing:
Cuentos africanos, 2
167. Rafael Cansinos-Asséns:
El candelabro de los siete brazos
168. Leonardo Sciascia:
El teatro de la memoria
169. Zélia Gattai:
Anarquistas, gracias a Dios
170. Miguel Hernández:
Epistolario
171. René Char:
Común presencia
(Edición bilingüe)
172. Joseph Heller:
Dios sabe
173. Beowulf y otros poemas anglosajones (Siglos VII-X)
174. William Golding:
Caída libre
175. Vicente Aleixandre:
Epistolario
176. Alvaro Mutis:
La Nieve del Almirante
177. Miguel Hernández:
El torero más valiente. La tragedia de Calisto. Otras prosas
178. Peter Handke:
Historia de niños
179. Yorgos Seferis:
Poesía completa
180. Botho Strauss:
Rumor
181. La búsqueda del Santo Grial
Introducción de Carlos Alvar
182. Alfonso Reyes:
Antología general
183. Peter Handke:
Por los pueblos
184. Antonio di Benedetto:
Cien cuentos
185. José Ferrater Mora:
Hecho en Corona

DATE DUE

MR 31 '95			
OC 3 '95			

PQ
7519
.C34
A17
1979

59408

Cardenal, Ernesto
    Antologia de poesia
primitiva.

HIEBERT LIBRARY
Fresno Pacific College - M. B. Seminary
Fresno, Calif 93702

DEMCO